50 ACTIVITÉS POUR ÉVEILLER VOS ENFANTS

4-8 ANS

Direction : Catherine Saunier-Talec
Responsable éditoriale : Anne Le Meur
Édition : Caroline Terral
Relecture : Dorica Lucaci et Odile Raoul

Responsable artistique : Antoine Béon
Principe de maquette et couverture : Nicole Dassonville
Adaptation et réalisation : Florence Cailly
Photographies : Emanuela Cino
Illustrations : Stéphanie Rubini

Fabrication : Amélie Latsch
Partenariats : Sophie Morier (smorier@hachette-livre.fr)
Responsable de la communication : Johanna Rodrigue
(jrodrigue@hachette-livre.fr)

- Karine Saunier -

50 ACTIVITÉS POUR ÉVEILLER VOS ENFANTS

4-8 ANS

hachette
FAMILLE

SOMMAIRE

INTRODUCTION, 7

NOUS SOMMES TOUS INTELLIGENTS, 8

LA CRÉATIVITÉ, UN ATOUT POUR SON FUTUR, 10

LES LAISSER FAIRE... ÊTRE UN PARENT BIENVEILLANT, 12

1

LES ACTIVITÉS CRÉATIVES ET SCIENTIFIQUES, 14

Fabriquer une voiture qui roule toute seule, 20
Envoyer des messages secrets grâce à l'encre sympathique, 26
Le cerf-volant, 28
Le thaumatrope, 32
Le flip book, 34
Le praxinoscope, 37
La veilleuse féerique, 40
La roue de fête foraine, 44
Faire des bulles de savon, 48
Une girouette, 51
Un planeur, 55
Une catapulte, 58
Un aéroglisseur, 61
Un lanceur de pompons, 64
Un bateau tuc-tuc, 67
Un volcan, 72
Fabriquer une lampe à lave, 76
Un ballon-fusée, 80
Une balance, 82
Faire des ombres chinoises, 86

2

LES CONCEPTS, 88

Les rêves, 92
L'attrape-rêves, 94
Se souvenir des belles choses, 98
Un carnet de souvenirs, 99
Les ballons sensoriels, 106
Mettre un monde en boîte, 108
Fabriquer un diorama, 109
Le temps, 112
Emploi du temps pyramide, 113

Calendrier perpétuel, 116
Le vivant, 120
Fabriquer du papier à planter, 121
Un kokedama, 124
L'ouïe un sens invisible, 128
Un kazoo, 129
Une flûte de Pan, 131
Exprimer ses émotions, 133
Une boîte à lettres, 134

3 LES LOISIRS CRÉATIFS, 138
Un pajaki, 142
Compositions autour de formes géométriques, 148
Une cage et son oiseau, 152
Art stick, 156
Fabriquer ses tampons, 160
Un pot à cactus, 164
Une porte de fée, 167
Une mini-piñata individuelle, 170

4 FABRIQUER SES JOUETS, 174
Craies géantes, 178
Figurines en bois, 182
Un tapis de jeu, 185
Un garage automobile, 190
Un hélicoptère en papier, 194
Faire son circuit de billes, 196
La balle qui lévite, 200
Construire un château fort, 202

5 FABRIQUER SES DÉGUISEMENTS, 210
Jupette sans couture, 214
Accessoires de pirate, 217
Costume d'indien(ne), 221

6 LES INTELLIGENCES MULTIPLES, 225
Intelligence logico-mathématique, 226
Intelligence visuo-spatiale, 227
Intelligence interpersonnelle, 228
Intelligence corporelle kinesthésique, 229
Intelligence verbale-linguistique, 229
Intelligence intrapersonnelle, 230
Intelligence musicale, 231
Intelligence naturaliste, 231
Table des activités par type d'intelligence, 232

7 LES GABARITS, 234

ANNEXES, 253
Bibliographie, 253
Index, 254
Remerciements, 255
L'auteur, 256

CAPELLI SECCHI
50 X 15

Lorsque j'anime des ateliers créatifs pour les enfants, les parents sont toujours étonnés que je leur propose de rester – s'ils le souhaitent – partager l'activité avec leur enfant. Habituellement, nous y amenons nos enfants et nous nous retrouvons gentiment à la porte à attendre ou à faire nos courses. Je voulais proposer autre chose : un moment de partage pour ceux qui peuvent se le permettre. Ces moments, où les parents osent rester, sont ceux que je préfère. Il y a les parents timides qui restent (pas longtemps) à observer, il y a ceux qui rentrent directement dans l'activité et il y a ceux qui restent mais qui n'osent pas manipuler. Au fur et à mesure de l'atelier, je vois leur attitude évoluer et la relation, l'échange parent-enfant, se modifier. Il n'y a qu'une consigne (et elle n'est pas facile à suivre, croyez-moi !) : l'activité est pour l'enfant, c'est donc lui qui dirige. Je demande aux parents de ne pas intervenir dans ses choix de couleurs, de matière, etc. Je leur demande d'être la main de l'enfant, quand celui-ci sent qu'il n'a pas l'habilité nécessaire. Au début, je dois rappeler plusieurs fois la consigne. Puis il arrive toujours cet instant magique où le parent laisse de côté ses a priori et entre dans l'activité créative à égalité avec son enfant.

Les parents qui font le choix d'inscrire leur enfant à mes ateliers aiment les loisirs créatifs. Beaucoup pensent ne pas savoir faire ou que ce n'est plus de leur âge... mais peindre, dessiner et fabriquer sont des activités intemporelles.

Ça ne parle pas beaucoup pendant mes ateliers, tout le monde est concentré... Concentré ou ailleurs, je n'arrive pas vraiment à le dire. En tout cas, ce dont je suis sûre, c'est qu'ils ont tous, parents et enfants, rendez-vous pour explorer leur créativité. Ces parents ne sont plus dans le rapport d'autorité – pas toujours drôle – parent-enfant... Il se passe autre chose. Ils rejoignent leur enfant dans cet espace où le temps est suspendu. Certains redécouvrent doucement – et avec délice – des ressentis d'enfance et, le plus précieux dans tout ça, c'est qu'ils les partagent avec leur enfant...

C'est aussi l'objectif de cet ouvrage : vous donner l'occasion de partager un vrai moment créatif avec votre enfant, une sorte de parenthèse enchantée dans la vie de tous les jours.

Vous avez déjà chez vous le matériel nécessaire pour réaliser les activités proposées, mises à part les fournitures de base. Voici l'occasion idéale pour transmettre aux enfants que l'on peut réutiliser les emballages pour en faire de beaux objets dont vous, parents, n'aurez pas honte. L'idée première est de partager de beaux moments avec votre enfant, le week-end, en vacances ou quand votre disponibilité vous le permet, sans avoir à se soucier de savoir si les boutiques sont ouvertes.

Pour qu'il y ait un partage, il faut que chacun ait sa place. Dans les activités qui suivent, vous, parents, avez un vrai rôle, et non pas seulement celui d'observateur passif. Vous allez, vous aussi, créer, peindre et fabriquer. Vous allez pouvoir transmettre, expliquer et rassurer.

Et, plus que tout le reste, vous allez découvrir votre enfant... Dans mes ateliers, à la fin du temps partagé, les parents avouaient avoir découvert que leur enfant savait faire telle ou telle chose. Les échanges verbaux et la complicité qui s'est créée leur ont également fait découvrir une autre facette de la personnalité de leur petit.

Les activités de ce livre portent sur des thèmes divers, utilisent des matières différentes et mobilisent des habilités, des capacités et des intelligences distinctes. Vous allez apprendre ce que votre enfant apprécie, ses penchants, ses capacités, voire ses dons...

NOUS SOMMES TOUS INTELLIGENTS

Aujourd'hui, affirmer qu'un enfant est intelligent revient à dire qu'il est fort à l'école. Pendant mes ateliers, lorsque je signalais à des parents que leur enfant était très appliqué et habile manuellement, il m'est souvent arrivé de les entendre soupirer et me répondre que pourtant, à l'école, ce n'est pas ça : l'instituteur dit qu'il ou elle manque de concentration, que les résultats scolaires ne suivent pas vraiment...

En discutant avec ces parents, il s'avère pourtant que leur enfant est incollable sur la vie des insectes, qu'il est très fort en musique, qu'il adore dessiner ou encore construire des machines infernales.

Howard Gardner a découvert huit formes d'intelligence qui composent sa théorie des intelligences multiples. Selon cet auteur, le concept d'une intelligence unique, basée sur le quotient intellectuel (le fameux QI), réduit la compréhension de la capacité intellectuelle. Les huit formes d'intelligence prennent en considération les nombreuses – et donc différentes – facettes de l'activité cognitive. Il ne s'agit plus ainsi de savoir si son enfant est intelligent, mais de comprendre comment il est intelligent.

L'ENVIRONNEMENT FAMILIAL, FACTEUR DE DÉVELOPPEMENT DES INTELLIGENCES

Les intelligences multiples (verbale-linguistique, logique-mathématique, visuelle-spatiale, kinesthésique, musicale, naturaliste, interpersonnelle et intrapersonnelle) ne sont pas isolées, elles sont complémentaires et fonctionnent simultanément. Nous possédons tous les huit formes d'intelligence, certaines étant dominantes et d'autres moins. Même si les intelligences multiples sont une réalité objective inscrite dans notre cerveau – en effet, elles correspondent à l'exercice de telle ou telle partie spécifique du cerveau – les expériences éducatives, familiales et culturelles peuvent aider à développer les intelligences qui s'expriment le moins. Il est donc utile, en tant que parent, de connaître les deux ou trois intelligences dominantes de son enfant pour les cultiver et aussi pour renforcer les intelligences secondaires.

En mobilisant son intelligence dominante, votre enfant stimulera une structure du cerveau, appelée « cortex préfrontal », impliquée dans d'autres formes d'intelligence : le cortex préfrontal transfère les compétences entre les différents types d'intelligence. Ainsi, l'enfant qui fait de la musique active son cortex préfrontal, ce qui lui servira aussi pour mieux réussir en mathématiques.

Je trouve cette théorie formidable, car aucun parent ne peut plus se dire : « Mon enfant n'est pas intelligent. » Mettre en pratique la théorie des intelligences multiples permet de considérer son enfant selon un point de vue bienveillant, puisque cette théorie se focalise à la fois sur son potentiel réel et sur ses possibilités futures. Un enfant qui ne comprend pas ce qui est expliqué n'est pas obligatoirement un enfant inattentif ou limité.

C'est d'abord un enfant qui ne privilégie pas les intelligences mises en œuvre par la personne qui explique. Il peut, en revanche, compter sur ses différentes intelligences pour contourner le problème[1].

UN OUTIL POUR MIEUX CONNAÎTRE VOTRE ENFANT

Avec le questionnaire qui vous est proposé à la fin de ce livre (p. 226), vous saurez que votre enfant est compétent et en quoi il a du potentiel. Ce positionnement peut aussi être réalisé sous forme de quiz avec les enfants plus grands. Votre enfant, en entendant les résultats (« tu es intelligent en… ») et en se connaissant mieux, se sentira reconnu et reprendra confiance en lui. Il saura trouver et dire ce qui lui facilite les apprentissages. Cette confiance en soi est le socle d'un développement harmonieux et joyeux.

Les activités que je vous propose tout au long de cet ouvrage correspondent à la mobilisation de différentes formes d'intelligence. Ce sont autant de portes d'entrée dans le livre et vous pouvez ainsi les explorer selon que vous souhaitez renforcer ou entraîner telle ou telle intelligence en fonction du positionnement de votre enfant. Une table classant les activités par type d'intelligence est disponible en page 233.

1. Point de vue soutenu par Christian Philibert, spécialiste des intelligences multiples au laboratoire GRENE (Groupe de recherche en neurosciences éducatives).

LA CRÉATIVITÉ, UN ATOUT POUR SON FUTUR

Aujourd'hui, le monde est en constante évolution, et le développement et la réussite économique des entreprises requièrent des profils créatifs. Être intelligent ou expert dans un domaine ne suffit plus. En effet, pour être compétitives, les entreprises ont comme enjeu d'introduire sur le marché des produits novateurs et adaptés aux utilisateurs. La recherche a même permis de mettre au point des tests poussés et éprouvés qui mesurent la créativité.

Alors, plus que jamais, il est important de soutenir et de développer le potentiel créatif de nos enfants. Le milieu scolaire accorde peu de place à l'émergence d'idées, et à la créativité en général[3]. Le système éducatif est surtout basé sur les performances des élèves dans les matières académiques. Ce n'est qu'en maternelle, puis dans le cadre des études supérieures qu'il est demandé à nos enfants de développer leur potentiel créatif. Cependant, nous, parents, pouvons favoriser l'expression des capacités créatives de nos enfants.

LA CRÉATIVITÉ EST LA CAPACITÉ À PRODUIRE UNE IDÉE EXPRIMABLE SOUS UNE FORME OBSERVABLE OU À RÉALISER UNE PRODUCTION, QUI SOIT À LA FOIS NOVATRICE ET INATTENDUE, ADAPTÉE À LA SITUATION ET (DANS CERTAINS CAS) CONSIDÉRÉE COMME AYANT UNE CERTAINE UTILITÉ OU DE LA VALEUR[2].

L'ENNUI COMME SOURCE DE CRÉATIVITÉ

Alfred Binet, à l'origine des tests psychométriques qui donnèrent naissance au QI (quotient intellectuel), considérait déjà la créativité comme un mélange d'imagination, de raisonnement et de bon sens. Les recherches actuelles permettent d'affirmer que le potentiel créatif s'exprime grâce à l'interaction des plusieurs facteurs : les facteurs cognitifs (la capacité intellectuelle), la personnalité et la motivation, auxquels s'ajoutent les environnements familial et scolaire.

Ainsi, en tant que parents, nous pouvons assumer notre part : d'abord, laissons nos enfants s'ennuyer et bayer aux corneilles sans crainte. Les recherches scientifiques dans le domaine des neurosciences montrent que, lors des phases dites de repos, le cerveau est loin d'être inactif... au contraire ! Un réseau d'aires cérébrales s'active, il est même appelé « le modèle par défaut ». Cette activité de « rêve éveillé » consomme plus d'énergie que lorsqu'une tâche précise est réalisée. Quand nous sommes au repos, le cerveau traite et retravaille les informations reçues auparavant. C'est ce qui permet d'adopter un nouveau point de vue. Ce mode « par défaut » est favorable à l'association d'idées responsables des processus liés à la créativité.

---

2. *Créativité et conception : Approches cognitives et ergonomiques.* Bonnardel Nathalie, Solal Éditeurs, 2006.
3. *Psychologie de la créativité*, Todd Lubart *et al.*, Armand Colin, 2003.

LES ACTIVITÉS CRÉATIVES, INCITATRICES DE LA PENSÉE DIVERGENTE

Si la phase de repos stimule les associations d'idées, il existe une autre occupation à notre portée qui peut développer le potentiel créatif : les activités créatives dirigées.

Parmi les capacités intellectuelles sollicitées dans l'acte créatif, il y a la **pensée divergente**. Celle-ci intervient dans les situations où il faut trouver un maximum de solutions à un problème donné. Les solutions sont générées de façon aléatoire et désordonnée. Pour trouver ces solutions diverses, il faut pouvoir changer de méthode, regarder le problème sous un angle différent. Ceci est possible grâce à la **flexibilité**. Lorsque ce processus de recherche est achevé, les idées et les informations sont organisées et structurées afin de se recentrer sur le but à atteindre et de vérifier de façon logique si les solutions sont conformes aux contraintes de départ. Il s'agit, cette fois-ci, de la **pensée convergente**, sollicitée habituellement dans les apprentissages scolaires : il existe une solution à un problème[4].

Dans cet ouvrage, vous trouverez différentes sortes d'activités créatives : des activités scientifiques, d'autres pour se concentrer, d'autres encore pour créer ses jouets et ses déguisements. En suivant la démarche suggérée pour les activités scientifiques, votre enfant entrera dans une logique de questionnement, de formulation d'hypothèses (qui sont autant de solutions proposées à un problème donné) et de vérification. Pour les autres activités, vous pourrez – à votre convenance – suivre le pas à pas proposé ou bien, dans une volonté de stimuler le potentiel créatif de votre enfant, lui présenter le matériel et lui expliquer ce qui est attendu, puis le laisser faire… Le laisser diverger et concevoir par lui-même l'objet à réaliser, tout en le guidant sur les étapes nécessaires à cette conception : que doit faire l'objet, dans quel but, avec quel matériel, peux-tu dessiner ton idée, etc. ? L'enfant proposera ainsi plusieurs idées et n'en sélectionnera qu'une seule en fonction des contraintes qui lui sont posées.

Structurer la conception d'une réalisation n'implique donc pas d'inhiber la créativité. Au contraire, la conception même d'un objet est un acte créatif, car elle met l'enfant dans une telle posture qu'il doit à la fois innover par rapport à ce qu'il connaît et répondre aux contraintes qui lui sont fixées[5].

De vous à moi : laisser faire son enfant, ce n'est pas toujours facile…

4. « Haut potentiel, créativité chez l'enfant et éducation », M. Besançon, J.-H. Guignard, T. Lubart, *Bulletin de psychologie* n° 485, 2006.
5. *Développer la créativité par la conception d'un objet à réaliser. Mise en place d'un dispositif de Learning Study dans la formation des enseignants.* D. LEUBA, J. DIDIER, N. PERRIN, I. PUOZZO et K. VANINI DE CARLO, Haute école pédagogique du canton de Vaud, Suisse, *in* Éducation et francophonie, Revue scientifique virtuelle publiée par l'Association canadienne d'éducation de langue française, volume 40L, numéro 2, automne 2012.

LES LAISSER FAIRE... ÊTRE UN PARENT BIENVEILLANT

Certaines activités vous sembleront peut-être compliquées pour votre enfant. Il est vrai que si les activités étaient à réaliser par l'enfant seulement, certaines ne figureraient pas dans cet ouvrage. Celui-ci vous propose un pas de deux, une réalisation conjointe, où chacun à sa place. Votre rôle en tant qu'adulte est d'accompagner, d'être le tuteur. Vous allez lui apporter ponctuellement l'habilité qui lui manque pour la réalisation entière d'un objet. Ce « pas de deux » va permettre à votre enfant de fabriquer des objets qu'il n'aurait pas imaginé créer tout seul. Le résultat – grâce à votre accompagnement – va le rendre fier de lui et confiant en ses propres capacités. Il saura mesurer sa part de réalisation. C'est pourquoi j'insiste sur votre rôle d'accompagnateur : quand il ne peut pas, faites-lui dire ce qu'il souhaite que vous fassiez à sa place. Laissez-le faire, laissez-le vous diriger. Vous serez ses mains. Cependant, ne manquez pas de poser la vôtre sur son épaule pour le rassurer quand il se sentira dépassé ou agacé. Plusieurs essais seront peut-être nécessaires. Il apprendra de ses erreurs.

ÊTRE UN PARENT BIENVEILLANT : QUELQUES CONSEILS POUR DES CONDITIONS DE RÉALISATION OPTIMALES

1

Communiquez à votre enfant le but de l'activité créative, de la connaissance à apprendre. Cette première étape est très importante, car c'est elle qui va stimuler sa motivation.

2

Ensuite, l'enfant aura besoin d'être guidé, de savoir qu'il est sur la bonne voie. Il ne doit pas se sentir « menacé ». C'est à nous, les adultes, de refréner notre impatience, nos petits gestes d'agacement... Oui, ce n'est pas facile, je n'y parviens pas toujours moi-même, mais le tout est d'en être conscient pour rectifier le tir, respirer et rassurer. L'enfant est capable de coopérer avec un parent qui exprime de l'irritation, s'il ne se sent pas agressé ou humilié.

3

L'enfant doit avancer à son rythme et a le droit à l'erreur. Ce droit à l'erreur est très important, car il conditionne aussi la confiance en soi. Vivre l'erreur sans jugement est une étape indispensable dans l'apprentissage. L'enfant n'aura pas peur de refaire, il saura que se tromper, ce n'est pas grave, qu'il suffit de recommencer. Il n'aura pas peur de poser des questions. Lorsque votre enfant se trompe, expliquez la difficulté plutôt que de dire en quoi il est fautif. Il comprendra alors le problème et en cherchera la solution. La description s'adresse à l'intelligence de l'enfant, sans effet de contrainte ou de jugement. Par conséquent, n'employez pas le pronom « tu », pour éviter que l'enfant se sente coupable. Il doit se concentrer sur le travail à faire. Et il en va de même si un pot de peinture est renversé : « Le pot s'est renversé, il nous faut nettoyer... »

4

Pour convaincre votre enfant de ses capacités, prenez le temps de décrire et d'expliquer. Cette fonction de médiateur entre le savoir à transmettre et l'enfant est importante, car c'est ainsi que vous l'aidez à construire du sens et à maintenir son attention.

UN ENVIRONNEMENT FAVORABLE : CONSEILS POUR LA PRÉPARATION DES ACTIVITÉS

Même si les enfants restent concentrés plus longtemps lorsqu'ils réalisent des activités créatives, il est souhaitable de préparer le matériel à l'avance : faites les photocopies des gabarits, selon leur âge, découpez les différentes parties nécessaires et notez soigneusement le matériel dont vous aurez besoin. Il s'agit, dans la plupart des activités proposées ici, d'un matériel simple. Pour les fournitures spécifiques, vous trouverez une liste de fournisseurs dans la page de remerciements.
Installez votre enfant confortablement : il peut être assis, mais aussi debout, si la hauteur de la table lui convient. J'ai remarqué, lors de mes sessions d'ateliers créatifs, que la position debout a des avantages : les enfants peuvent bouger leur corps plus facilement qu'entant assis, j'ai perçu moins d'impatience aussi quand la manipulation est délicate. Cependant, c'est le confort qui prime : si la table est trop haute pour l'enfant, il faut privilégier la position assise.

ET APRÈS ?

Les activités demandent beaucoup de concentration, que votre enfant n'aura aucune peine à mobiliser (mes ateliers créatifs durent parfois jusqu'à 2 heures, je suis toujours étonnée de les voir refuser la pause : ils veulent continuer, voir leur création terminée). Prévoyez un petit temps après chaque activité, où il pourra évacuer la pression, comme par exemple une playlist musicale qu'il aime bien et sur laquelle il pourra danser ou faire le fou. Tolérez ce petit moment, il lui est nécessaire.

QUELS QUE SOIENT LES CHEMINS QUE VOUS EMPRUNTEREZ POUR RÉALISER LES ACTIVITÉS CRÉATIVES DE CET OUVRAGE, JE VOUS SOUHAITE DE PARTAGER ENSEMBLE DE JOYEUX MOMENTS CRÉATIFS ! KARINE

1

LES ACTIVITÉS CRÉATIVES ET SCIENTIFIQUES

Fabriquer une voiture qui roule toute seule • Envoyer des messages secrets grâce à l'encre sympathique • Le cerf-volant • Le thaumatrope • Le flip book • Le praxinoscope • La veilleuse féerique • La roue de fête foraine • Faire des bulles de savon • Une girouette • Un planeur • Une catapulte • Un aéroglisseur • Un lanceur de pompons • Un bateau tuc-tuc • Un volcan • Fabriquer une lampe à lave • Un ballon-fusée • Une balance • Faire des ombres chinoises

LES ACTIVITÉS CRÉATIVES ET SCIENTIFIQUES

ohhhhhhhhhh

wouahhh

Avant d'entrer dans les sciences humaines, je suis passée par les sciences (bac scientifique). J'ai un très bon souvenir de ce passage, mais je me rappelle que nous n'étions pas nombreux dans cette discipline. Beaucoup de mes amis, dans les sections littéraires ou économiques, me disaient détester les sciences. Pour moi les sciences n'étaient pas rébarbatives (enfin, des fois si, quand même !), le plus souvent, elles étaient magiques et ludiques.

D'ailleurs, si j'ai sélectionné ces activités créatives et scientifiques, c'est pour amener les enfants à apprécier les sciences. J'ai à cœur de leur montrer que, malgré leur réputation austère, les sciences n'en demeurent pas moins une rencontre avec la magie et la féerie. Alors, certes, cette magie a une explication rationnelle, mais je pense que ces activités, en plus du plaisir de la fabrication et de la réalisation, retiendront leur attention et provoqueront des « wouahhh» et des « ohhhhhhhhhh » de surprise et d'émerveillement.

Le fait de « fabriquer » va permettre à l'enfant de construire son apprentissage, ses connaissances, par le corps. Cette action, qui peut sembler anodine, implique de manipuler, de créer et d'ancrer des souvenirs au travers de ces manipulations.

Les sciences expérimentales sont au programme scolaire des enfants du CP au CM2, et le programme insiste sur l'importance de formuler des hypothèses, de réaliser des expériences et d'en observer les résultats afin de développer son esprit critique. Aussi, à travers ces activités scientifiques, vous ferez apprécier les sciences à votre enfant en vous appuyant sur le jeu. Vous les initierez ainsi à la « méthode scientifique » de façon ludique et créative. Cette méthode scientifique met l'enfant au cœur de son propre apprentissage et lui donne un rôle actif par la manipulation, l'observation et la verbalisation. Votre mission en tant que parent est ici essentielle : dans ces activités, vous serez le tuteur qui l'éveille à la curiosité et qui guide ses pas dans le monde de l'abstraction. Pour apprendre et comprendre, l'enfant a besoin d'être guidé. Prendre du temps avec son enfant pour lui transmettre certaines connaissances a un impact fort, car l'apprentissage sera réalisé dans la relation. En effet, l'affectif est indissociable de l'acte d'apprendre.

AVEC CES ACTIVITÉS SCIENTIFIQUES, VOTRE ENFANT VA ACQUÉRIR UN SAVOIR (CONNAISSANCES, NOTIONS), MAIS AUSSI UN SAVOIR-FAIRE (CAPACITÉS, MÉTHODOLOGIE) ET UN SAVOIR-ÊTRE (ATTITUDE, COMPORTEMENT).

Si vous lâchez prise, en ne cherchant pas à réussir à tout prix ou à faire tout vous-même, vous allez vous surprendre à laisser libre cours à votre imagination et à votre créativité. Ceci n'est pas simple, il vous faudra réfréner votre impatience. D'expérience, j'ai remarqué que je ne suis jamais agacée en atelier avec les enfants des autres... En revanche, dès lors que je me lance dans une activité créative avec mes filles, je dois assez souvent lutter avec moi-même. Tout parent aimerait que ses enfants y arrivent du premier coup... Mais nous devons nous dire qu'ils y arriveront avec le temps... Si votre enfant a entre 4 et 6 ans, vous serez étonné par son sens de la réflexion. Vous serez amusé par certaines de ses hypothèses. Si vous le laissez vous guider en étant juste ses mains – car vous possédez l'habileté manuelle qui lui manque encore –, ce jeune enfant vous surprendra par sa créativité et par son ingéniosité.

Il est courant maintenant de dire que l'intelligence est manuelle. En effet, les mains des enfants sont au cœur de leur apprentissage : ils aiment toucher. L'approche par le loisir créatif, une approche sensorielle et motrice, facilite leur contact avec la réalité. La démarche d'abstraction s'effectue grâce à la verbalisation du vécu et au retour réflexif sur ses actions et ses observations.

Chaque savoir transmis à travers ces activités entraîne un réel apprentissage de la démarche scientifique, laquelle comporte 5 étapes.

LES 5 ÉTAPES DE LA DÉMARCHE SCIENTIFIQUE

1

LE BUT/L'OBJECTIF

2

LES HYPOTHÈSES

C'est ce que l'enfant pense du résultat à venir, ce qu'il croit qu'il va se passer. Faire émerger ses représentations ou ses modes de pensée est indispensable pour construire des connaissances nouvelles ou pour permettre à d'autres, plus anciennes, de s'affiner.
De plus, la notion d'hypothèse renvoie à l'idée de « solution possible », impliquant donc le droit à l'erreur. Elle autorise de passer du « c'est » à « c'est peut-être »... L'erreur n'est ainsi pas synonyme de sanction, mais incite l'enfant à recommencer son expérience.

3

LA RÉSOLUTION DU PROBLÈME PAR L'OBSERVATION ET PAR L'EXPÉRIMENTATION

L'observation est un exercice sensoriel. Partant de l'ensemble vers le détail, l'observation scientifique permet d'établir des relations. Lors de l'expérimentation, l'enfant manipule et construit : il est actif dans la construction de son savoir. Faites-le manipuler, fabriquer, le plus possible et décliner une variable pour observer un résultat va lui permettre de cristalliser la connaissance.

4

LES RÉSULTATS

Ils ne représentent pas le point plus important. Mais, grâce à eux, l'expérimentation peut être confrontée aux hypothèses de départ : l'observation et ce qui en découle permettent d'effacer une connaissance ou une représentation erronée pour pouvoir la remplacer par un nouveau savoir.

5

LES EXPLICATIONS

Le but est davantage dans l'observation que dans la compréhension, certains enfants étant trop jeunes pour intégrer certains concepts.
Apprendre à formuler des hypothèses, à observer et à analyser est une démarche primordiale qui permet par la suite aux enfants de concevoir, par exemple, une expérience pour vérifier des hypothèses qu'ils avancent.
En réalisant ces activités avec votre enfant et en échangeant avec lui sur la question principale, vous le faites partir de ce qu'il sait faire de manière autonome ou de ce qu'il connaît déjà pour évoluer vers ce qu'il ne sait pas faire tout seul ou qu'il ne connaît pas encore, mais qu'il va réussir grâce à l'action commune. C'est donc dans l'échange et la coopération qu'il va apprendre et surtout comprendre et retenir.

Si vous avez la chance d'avoir plusieurs enfants, n'hésitez pas à réaliser ces expériences à plusieurs : les hypothèses et les raisonnements seront différents, les observations aussi (les plus jeunes seront les meilleurs observateurs, car aucune représentation ou savoir « déjà là » n'oriente leur observation). De cette façon, les enfants vont apprendre à la fois à exprimer leur point de vue propre et à respecter et à intégrer celui d'autrui. L'apport est riche en communication, notamment dans une situation de « conflit sociocognitif », consistant à devoir défendre son propre raisonnement et à confronter ses propres représentations à celles des autres. Les enfants habitués à pratiquer ce genre d'échanges seront moins tentés de suivre le point de vue du « leader » du groupe. Leurs prises de parole seront plus spontanées et le respect mutuel plus aisé.

À force de répéter la démarche, l'enfant sera tenté de réaliser ses propres expérimentations pour vérifier ses hypothèses, dès qu'il se formulera une question. Vous aurez ainsi la preuve que la démarche scientifique a été assimilée, en plus des connaissances qui lui sont transmises.

ACTIVITÉ D'INTÉRIEUR

FABRIQUER UNE VOITURE QUI ROULE TOUTE SEULE

ÂGE CONCERNÉ : **à partir de 6 ans**

DURÉE DE L'ACTIVITÉ : **de 1 h à 1 h 30**

MATÉRIEL

- Une boîte ronde en carton de chips façon tuiles
- 4 CD
- 8 bouchons en plastique
- Une paille
- Un tube de stylo à bille
- 2 piques à brochette
- Des élastiques en caoutchouc
- 8 perles avec un trou de 1,5 à 2 mm de diamètre (si nécessaire)
- 2 ballons de baudruche
- Un poinçon ou de quoi percer
- De la colle forte en tube ou un pistolet à colle
- Un rouleau de papier adhésif décoré ou de la peinture acrylique
- Des pailles coudées

L'énergie ne se crée ni ne se détruit. Mais comment faire comprendre cette notion assez simple à son enfant ? Il existe beaucoup de formes d'énergie : l'énergie de mouvement (cinétique), l'énergie stockée (potentielle), l'énergie thermique, etc. Les énergies potentielles et cinétiques sont souvent associées à des manifestations simples, comme laisser tomber un livre, sauter sur un trampoline, ou dans la construction d'une machine sympathique – celle d'une voiture autopropulsée par un élastique, par exemple. Voici donc une activité créative qui allie science, design et construction simple, et qui vous promet de longs moments de jeu. Vous pouvez réaliser cette activité en plusieurs séances.

BUT

Faire rouler une voiture toute seule.

QUESTIONS À POSER POUR FAIRE FORMULER LES HYPOTHÈSES

Qu'est-ce qui fait qu'une voiture roule ?

Que faut-il, en plus des roues, pour qu'une voiture roule toute seule ? (Réponse : une énergie.)

RÉALISATION

LES ROUES

1. Peignez les CD, qui feront office de roues, ou utilisez du papier adhésif décoré. Posez le CD sur l'envers du papier, dessinez-en le contour. Puis posez un bouchon au milieu du disque dessiné et dessinez-en aussi le contour. Découpez le disque, évidez-en le centre, puis collez sur le CD.

2. Percez un trou au centre des bouchons (sur la petite bosse du milieu) suffisamment large pour y passer une pique à brochette.

3. Collez un bouchon au milieu de chaque côté des CD.

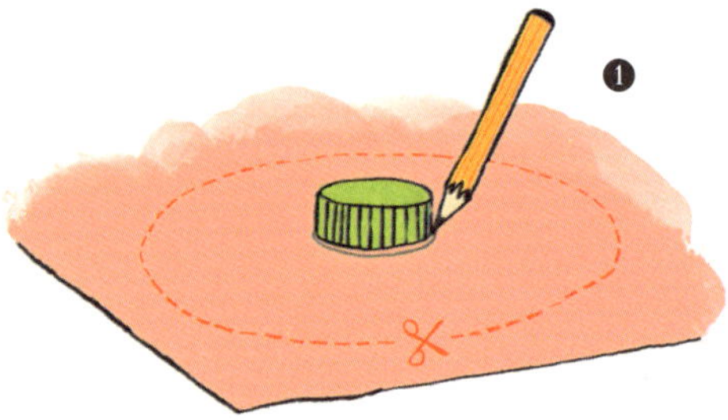

LE CHÂSSIS

1. Ôtez le fond de la boîte ronde de chips.

2. Percez deux trous diamétralement opposés en haut et en bas de la boîte. Il doit y avoir 4 trous : les trous du même côté, bas et haut se situent sur une même ligne.

3. Insérez une pique à brochette dans deux trous : c'est l'axe des roues. Répétez l'opération.

4. Enfoncez les « roues » sur les piques à brochette. Elles doivent tourner librement et donc ne pas coller au châssis, afin d'éviter tout frottement. Ceci empêcherait la voiture de rouler correctement. Les roues doivent aussi tenir sur l'axe. Si ce n'est pas le cas, enfilez sur la pique une perle munie d'un trou de 1,5-2 mm de diamètre pour bloquer les roues.

5. Vous pouvez déjà faire rouler à la main votre voiture.

Résultat : la voiture roule, mais pas encore toute seule. Présentez à votre enfant le reste du matériel et demandez-lui comment, d'après lui, vous pouvez ajouter des choses pour qu'elle roule toute seule.

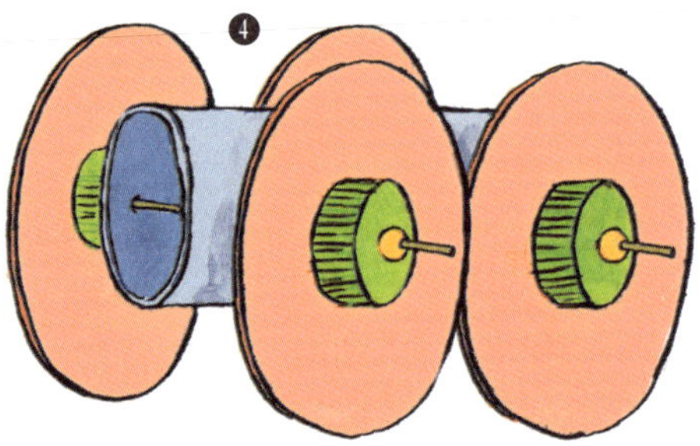

RÉALISATION

DE L'ÉNERGIE

1. Attachez les élastiques les uns aux autres afin de former une chaîne. Cette dernière doit être plus courte que la longueur du châssis (environ trois quarts de la longueur).
2. Attachez l'extrémité de la chaîne à un trombone.
3. Insérez ensuite le trombone sur le haut du devant de la boîte.
4. Faites passer la chaîne d'élastiques dans la boîte.
5. Écartez le dernier élastique et enroulez la chaîne sur la pique à brochette en la tournant.
6. Maintenez les roues pour que l'élastique reste en place, posez la voiture sur une surface plane et lâchez tout !

Résultat : la voiture roule seule, mais pas encore très vite.
Toujours en lui présentant le reste du matériel, demandez à votre enfant s'il a une idée pour améliorer le système. N'hésitez pas à le laisser expérimenter ses idées, même si elles ne sont pas exactes : il comprendra mieux pourquoi ça fonctionne ou pourquoi ça ne fonctionne pas. Quelle que soit sa réponse (ou ses essais), quand il est prêt à aller plus loin, expliquez-lui ce que vous allez faire.

4

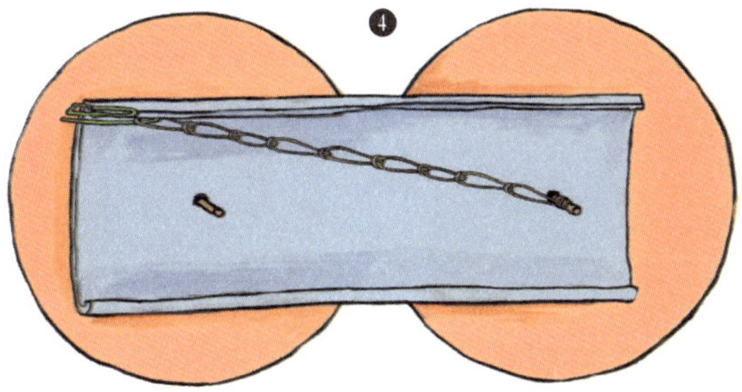

RÉALISATION

L'ESSIEU

1. Retirez les roues et la pique à brochette de devant.
2. À l'aide d'un crayon, agrandissez les trous du châssis afin de pouvoir insérer le tube du stylo.
3. Passez la pique à brochette dans le tube.
4. Insérez le tube dans un des trous.
5. Faites un nœud coulant autour du tube du stylo avec la chaîne d'élastiques.
6. Insérez ensuite le tube dans l'autre trou et enfilez à nouveau les roues.
7. Retirez les roues et la pique à brochette de l'arrière de la voiture.
8. À l'aide d'un crayon, agrandissez les trous suffisamment pour pouvoir y passer une paille.
9. Coupez deux morceaux de paille de 3 cm.
10. Collez ces morceaux dans les trous et replacez l'axe et ses roues. Montrez-lui que la voiture roule mieux déjà.
11. La chaîne d'élastiques passée dans la boîte, remontez le mécanisme élastique en enroulant l'extrémité autour de la pique à brochette pour tendre l'élastique.
12. Bloquez les roues, posez la voiture sur une surface plane et lâchez tout !

Résultat : voilà, la voiture roule bien plus vite maintenant !

Demandez à votre enfant s'il a une idée d'amélioration au regard des deux ballons de baudruche restants. Expliquez à votre enfant que vous allez améliorer les roues.

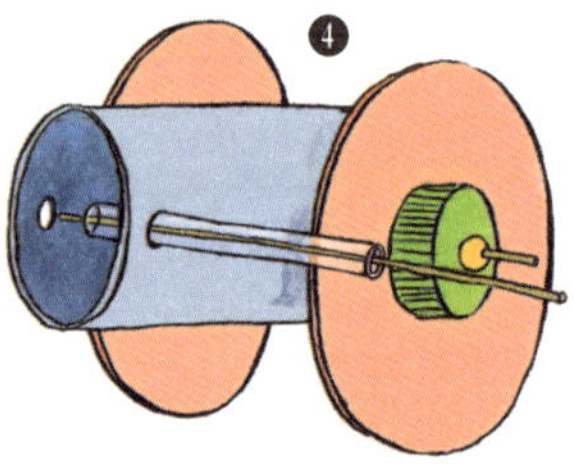

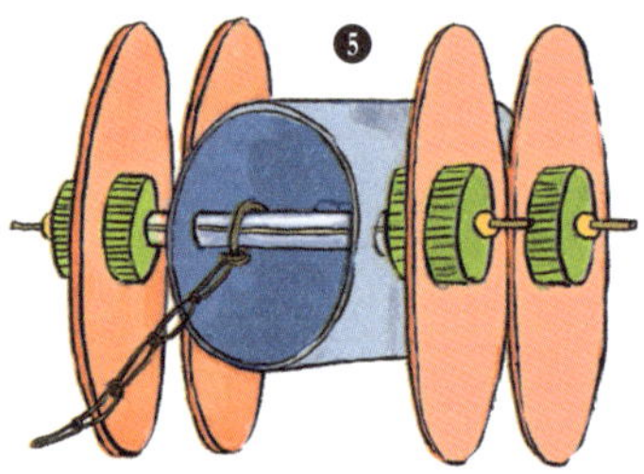

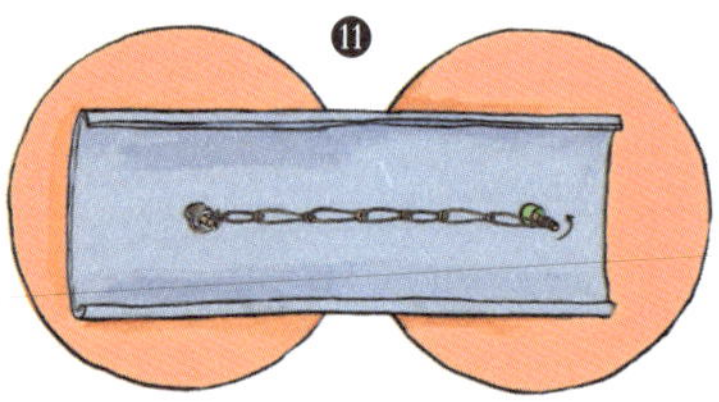

DES ROUES DE COMPÉTITION

1. Dans chaque ballon, coupez deux bandes d'environ 4 cm dans la largeur.
2. Enfilez ces bandes sur les roues.
3. Refaites rouler la voiture en remontant le mécanisme élastique.

Résultat : la voiture roule encore mieux !

RÉALISATION

CUSTOMISATION

Maintenant que la voiture est construite, vous pouvez tout démonter et vous occuper de la décoration :

1. Pour la voiture, vous pouvez :

a. soit découper un rectangle sur 3 côtés dans la boîte ronde et remonter la partie découpée pour en faire un pare-brise. Fixez ensuite dans la boîte, au niveau du trou, un rectangle de carton (plié en deux) pour faire un siège.

b. soit coller sur le dessus de la boîte un morceau de carton pour faire le pare-brise et dessiner un ovale qui sera peint d'une couleur différente pour figurer le siège.

2. Vous pouvez fixer de chaque côté de la voiture des pailles coudées pour donner l'air d'un bolide à votre voiture.

3. Peignez la boîte avec de la peinture acrylique.

4. Collez des détails découpés dans du papier ou alors utilisez du papier adhésif.

5. Remontez la voiture quand tout est sec.

EXPLICATION

Pour rouler, les roues doivent être placées face à face et l'axe qui les supporte ne doit pas bloquer en traversant le châssis. Avec un essieu, l'axe tourne plus librement, car les frottements sont supprimés.

Pour que la voiture avance seule, il lui faut un moyen de propulsion. La propulsion est possible grâce à l'énergie fournie par l'élastique tendu. En effet, quand on pose la voiture par terre, l'élastique – enroulé sur l'essieu – entraîne, en se déroulant, l'axe des roues, qui transmet son mouvement aux roues. La voiture avance jusqu'à ce que l'élastique – qui tend à revenir vers sa position la plus stable – soit entièrement déroulé.

POUR RÉSUMER

Une bande de caoutchouc étirée est une grande source d'énergie potentielle élastique. Quand l'élastique se remet à sa taille d'origine, l'énergie est convertie en mouvement (énergie cinétique). C'est cette énergie qui propulse la voiture.

L'IDÉE EN PLUS

Vous pouvez réaliser une autre voiture avec des matériaux différents : bouteille de lait ou de jus de fruit, boîte à mouchoirs... et faire une course pour voir quelle configuration donne la voiture la plus rapide.

ACTIVITÉ D'INTÉRIEUR

ENVOYER DES MESSAGES SECRETS GRÂCE À L'ENCRE SYMPATHIQUE

ÂGE CONCERNÉ : **à partir de 4 ans**

DURÉE DE L'ACTIVITÉ : **15 min**

MATÉRIEL

- Une feuille blanche
- Un pinceau fin ou des Coton-Tiges
- Du lait ou du jus de citron
- Une bougie allumée

Écrire des mots secrets, jouer aux espions, voilà des activités que tous les enfants adorent. Une fois que votre enfant aura compris comment faire, attendez-vous à trouver souvent des messages invisibles. Les plus jeunes s'amuseront à réaliser des dessins invisibles et à les faire découvrir, comme par magie, avec la chaleur d'une bougie.

BUT

- Faire apparaître un dessin sur une feuille blanche.

QUESTIONS À POSER POUR FAIRE FORMULER LES HYPOTHÈSES

- Comment faire un dessin sur une feuille blanche sans que les autres le voient ? Comment faire apparaître ensuite ce dessin ?

RÉALISATION

EXPÉRIMENTATION

1. Trempez le pinceau ou le Coton-Tige dans le lait ou dans le jus de citron.

2. Tracez le dessin sur la feuille.

3. Attendez que le dessin sèche. En séchant, il deviendra transparent.

4. Allumez ensuite la bougie et passez la feuille au-dessus de la flamme, mais pas trop près pour que le dessin ne brûle pas (autant que possible, cette dernière étape est à réaliser par l'adulte).

RÉSULTAT

Sous l'action de la chaleur, le dessin va apparaître.

EXPLICATIONS

Qu'est-ce qui brunit quand on le chauffe ? Orientez vos questions pour que l'enfant réponde « du pain », « du poulet »... un aliment. Vous pourrez alors lui expliquer que, dans les aliments, il y a des substances sensibles à la chaleur (le sucre, les protéines...), qui brunissent lorsqu'elles sont chauffées. Le citron et le lait sont des aliments, ils brunissent donc avec la chaleur.

D'autres aliments peuvent servir pour jouer les agents secrets : les jus de fruits, le jus d'oignon, le vinaigre... Trouvez ensemble d'autres substances invisibles et n'hésitez pas à tester si elles fonctionnent !

ACTIVITÉ D'INTÉRIEUR

LE CERF-VOLANT

ÂGE CONCERNÉ : **à partir de 6 ans**

DURÉE DE L'ACTIVITÉ : **45 min**

MATÉRIEL

- 4 piques à brochettes
- Du ruban adhésif
- Une nappe en plastique
- Une ficelle
- Un cutter (à utiliser par l'adulte)
- Du papier crépon et/ou des rubans

Fabriquer un cerf-volant avec votre enfant est une belle occasion de lui apprendre la notion d'aérodynamisme. Après avoir construit le cerf-volant, vous pourrez l'utiliser pour une série d'expériences et tester différentes variables, telles que la vitesse, la longueur de la corde ou la longueur de la queue afin de déterminer la meilleure façon de le faire voler. La fabrication n'est pas aussi compliquée qu'elle y paraît, il faut juste prendre son temps. Le faire voler ensemble sera une source d'amusement qui rendra votre enfant d'autant plus fier de sa production.

BUT

Confectionner un cerf-volant et tester différentes variables pour déterminer la meilleure façon de le faire voler.

QUESTIONS À POSER POUR FAIRE FORMULER LES HYPOTHÈSES

- Comment fabriquerais-tu un cerf-volant ?
- Qu'est-ce qui fait voler un cerf-volant ?
- Qu'est-ce qui peut avoir un impact sur le vol du cerf-volant ?
- À quoi sert la queue d'un cerf-volant ?

RÉALISATION

LE CERF-VOLANT

1. Coupez les bouts pointus des piques à brochette.
2. Coupez deux piques à 27,5 cm de longueur et deux piques à 22,5 cm.
3. Assemblez les deux grandes piques avec du ruban adhésif. Faites de même avec les deux plus petites.
4. Disposez les deux baguettes ainsi formées perpendiculairement et assemblez-les avec de la ficelle pour réaliser un losange.
5. Fendez chaque extrémité des baguettes sur 1 cm à l'aide du cutter.
6. Passez la ficelle dans les fentes pour former le contour du losange. Nouez les extrémités de la ficelle ensemble.
7. Posez la structure ainsi fabriquée sur la nappe en plastique étalée.
8. Découpez la nappe en laissant 4 cm de marge tout autour de la structure.
9. Coupez les pointes du losange taillé dans la nappe et repliez-en les bords sur la ficelle. Fixez-les avec du ruban adhésif.
10. Renforcez les pointes avec le ruban adhésif.
11. Au niveau de l'intersection des baguettes percez deux petits trous. Passez-y un morceau de 10 cm de ficelle et nouez autour des baguettes.
12. Enroulez un long morceau de ficelle sur un bâtonnet en bois. Attachez l'extrémité de la ficelle au milieu de la boucle formée du côté du cerf-volant où l'on ne voit pas la structure. C'est cette ficelle que vous tiendrez pour faire voler le cerf-volant.
13. Ensuite, coupez un bout de ficelle de 60 cm.
14. Percez deux petits trous de chaque côté de la baguette située à la queue du cerf-volant.

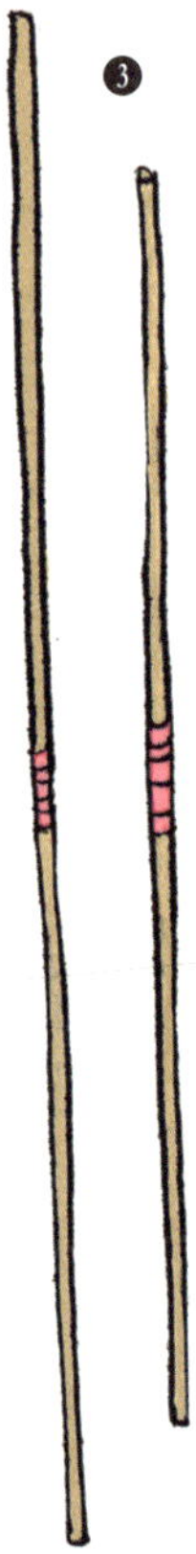
3

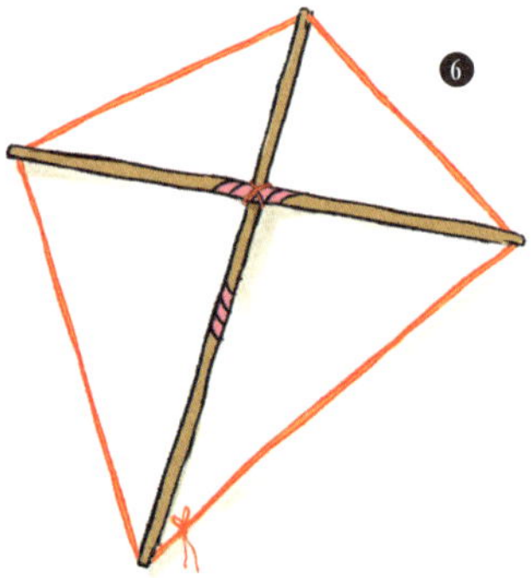
6

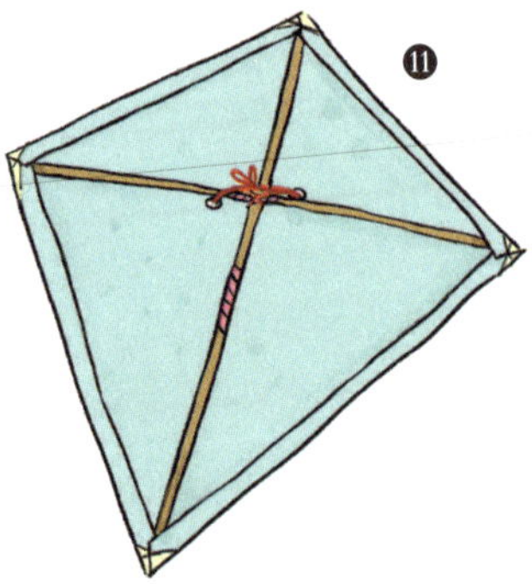
11

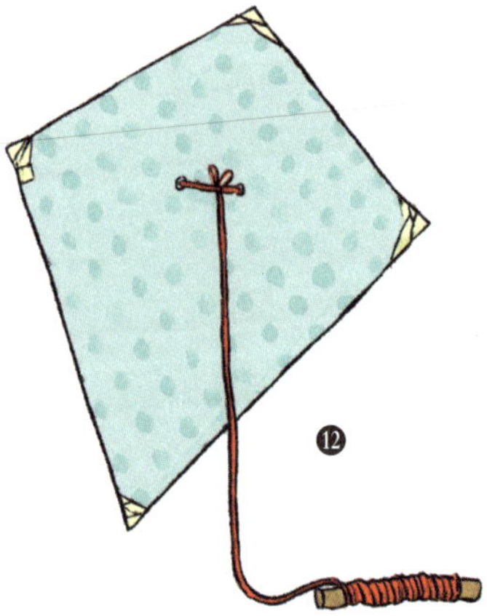
12

RÉALISATION

15. Passez la ficelle de 60 cm dans les trous et nouez autour de la baguette.
16. Découpez ensuite des bandes de 2 cm de large et de 30 cm de long dans le papier crépon.
17. Étirez le milieu de ces bandes et nouez-les sur la ficelle. C'est la queue du cerf-volant.
18. Vous pouvez faire des essais de vol à ce moment-là avant d'ajouter des rubans de crépons de chaque côté du cerf-volant. Comparez les différences de vol. Faites varier les queues en utilisant diverses formes ou matières, et différentes longueurs.
19. Faites varier aussi la longueur de la ficelle pour voir à quelle hauteur le cerf-volant vole le mieux.
20. Pour faire voler le cerf-volant, orientez-en la pointe dans la direction du vent. Si c'est vous qui tenez le cerf-volant, portez la pointe vers le haut. Votre enfant doit, au début, tirer sur la ficelle et courir en reculant. Une fois le cerf-volant en l'air, il pourra se retourner.

RÉSULTAT

Au bout de quelques essais, le cerf-volant s'envole. Plus sa queue est longue, plus il vole haut et plus il est stabilisé.

EXPLICATIONS

Le cerf-volant est plus lourd que l'air, mais quand une personne court avec un cerf-volant contre le vent, l'air qui s'écoule tout autour de la surface du cerf-volant crée une force qui pousse ce dernier vers le haut. Cette force s'appelle la portance. En même temps, une autre force pousse le cerf-volant en arrière : c'est la traînée, qui est causée par le vent pris dans le cerf-volant. Ce vent le pousse dans la direction où il souffle. Ces forces obligent le cerf-volant à aller d'avant en arrière quand vous le faites voler.
La queue du cerf-volant assure également sa stabilité. Elle l'équilibre et l'aide à monter plus haut. Sans elle, le cerf-volant tournerait et s'écraserait au sol au lieu de s'élever dans les airs.

POUR RÉSUMER

Le cerf-volant offre une surface qui résiste à l'écoulement de l'air. Une pression s'exerce sur cette surface et l'air s'écoule tout autour. Il y a deux forces qui agissent sur un cerf-volant : une force dirigée vers l'arrière, parallèle au vent, et qui s'oppose au mouvement – c'est la traînée – et une force perpendiculaire au vent, dirigée vers le haut – c'est la portance. La queue du cerf-volant assure sa stabilité.

ACTIVITÉ D'INTÉRIEUR

LE THAUMATROPE

ÂGE CONCERNÉ : **à partir de 4 ans**

DURÉE DE L'ACTIVITÉ : **20 min**

MATÉRIEL

- Deux feuilles
- Un crayon de couleur
- Une pique à brochette
- Un bâton de colle

Les dessins animés ! Les enfants, quel que soit leur âge, en sont tous friands. Le thaumatrope est un jouet inventé en 1826. Il est, la plupart du temps, de forme circulaire et comporte un dessin différent sur chaque face (les plus connus sont l'oiseau et la cage). Lorsque l'on fait tourner rapidement le thaumatrope, les deux images se mélangent pour n'en former qu'une ! Cette activité va permettre à votre enfant de comprendre comment le mouvement donne vie aux images et comment notre vision participe aussi à la création du dessin animé. Les plus jeunes découvriront qu'un dessin animé n'est pas la réalité et que le côté magique de l'animation n'est, en fait, qu'une illusion d'optique.

BUT

Faire entrer un dessin dans un autre sans les toucher.

QUESTIONS À POSER POUR FAIRE ÉMERGER LES HYPOTHÈSES

- Où vois-tu des images qui bougent sans qu'on y touche ? Comment ça fonctionne, d'après toi ?

RÉALISATION

LE THAUMATROPE

1. Tracez deux cercles (au maximum de 10 cm de diamètre) sur deux feuilles de papier distinctes.

2. Faites un dessin dans chacun des cercles. Par exemple, pour commencer, tracez un grand carré sur un disque et un petit rond au centre de l'autre disque. En fonction de l'âge des enfants, vous pouvez leur proposer de croquer un papillon et une fleur, un bouquet de fleurs et un vase, un bonhomme et un skateboard, une toile d'araignée et une araignée... Le tout est de bien repérer dans le cercle la place des deux objets pour que l'illusion soit la plus complète possible.

3. Découpez ensuite les cercles et collez-les dos à dos, en sandwich, avec une pique à brochette en bois au milieu.

3

EXPÉRIMENTATION

Faites rouler la baguette entre vos mains le plus vite possible pour créer l'illusion d'optique.

RÉSULTAT

En faisant tourner le disque, nos yeux n'ont plus le temps de distinguer les deux dessins, qui se confondent.

EXPLICATION

Quand on regarde un objet, les yeux envoient les informations concernant l'objet – sa forme, sa couleur, sa taille et son mouvement – au cerveau, qui les analyse.

En traitant ces informations, le cerveau ignore l'apparition ou la disparition brusque d'objets. C'est pourquoi la succession rapide d'images, quand on tourne la baguette, donne l'illusion d'un déplacement.

Le thaumatrope utilise l'effet phi, qui est cette sensation visuelle de mouvement provoquée par la succession d'images. Le cerveau comble l'absence de lien entre les images avec l'enchaînement qui lui semble le plus vraisemblable : le déplacement ou la transformation. Le mouvement d'un personnage de dessin animé n'est pas dessiné millimètre par millimètre, son mouvement est décomposé en quelques dessins et l'effet phi fait le reste !

POUR RÉSUMER

L'image animée est constituée d'une succession d'images fixes.

Lors du visionnement, l'effet phi donne l'illusion de mouvement au cerveau, qui traite l'information visuelle fournie par l'œil.

ACTIVITÉ D'INTÉRIEUR

LE FLIP BOOK

ÂGE CONCERNÉ : **à partir de 6 ans**

DURÉE DE L'ACTIVITÉ : de **30 min à 45 min**

MATÉRIEL

- Des crayons de couleur ou des feutres
- Une feuille de papier A4
- Une paire de ciseaux
- Une agrafeuse

Ancêtre du dessin animé, le folioscope, aussi appelé flip book, se situe à mi-chemin entre le livre et le cinéma. Le principe est de feuilleter un petit livre pour créer une séquence de mouvement. Choisissez un thème et amusez-vous à l'animer, image par image. Un simple dessin suffit à former un flip book très ludique. Votre enfant sera émerveillé par l'effet produit et très fier d'avoir créé un mini-dessin animé. Une fois qu'il aura compris le fonctionnement, après cette première expérimentation, il réalisera des dessins plus élaborés pour créer son propre dessin animé. N'hésitez pas, dans ce cas, à lui faire verbaliser son « scénario » quand il dessinera.
Grâce à cette activité créative, votre enfant comprendra les principes élémentaires de l'animation d'images, mais aussi le fait que la vision participe à l'illusion de l'animation.

BUT

Faire bouger ces dessins tout seuls, comme dans un dessin animé.

QUESTIONS À POSER POUR FAIRE FORMULER LES HYPOTHÈSES

- Qu'est-ce que tu connais qui a des dessins qui bougent tout seuls ? (Réponse : dessins animés.)
- Comment est-ce fait ? Que fait-on à ces dessins ?

RÉALISATION

LE FLIP BOOK

1. Dessinez sur la feuille de papier A4 10 rectangles de 6 x 10,5 cm.

2. Tracez ensuite une marge de 1 cm sur un petit côté de chaque rectangle.

3. Découpez les rectangles.

4. Commencez par dessiner une forme sur le bord opposé à la marge d'un rectangle.

5. Dessinez ensuite cette même forme en la décalant vers la marge dans le rectangle suivant. Vous pouvez utiliser la transparence de la feuille pour reproduire la forme exactement à l'identique ou en l'agrandissant. Commencez, si vous voulez, par tracer une forme géométrique qui change de position page après page : un rond, un triangle, une étoile ou alors un motif (une fleur, par exemple), qui va grandir au fur et à mesure.

6. Refaites l'étape n° 4 sur les 8 rectangles suivant en modifiant à chaque fois la forme, comme pour l'étape n° 5.

7. Enfin, étalez les 10 dessins sur la table.

8. Superposez les dessins dans l'ordre et agrafez-les tous ensemble, dans la marge, pour former un livret.

9. Pour finir, tenez ce dernier d'une main et effeuillez-le de l'autre avec le pouce, de l'avant vers l'arrière ou de l'arrière vers l'avant.

RÉSULTAT

Les images ou les dessins contenus dans le livret donnent l'illusion d'être animés plus ou moins rapidement, selon la vitesse à laquelle on le manipule.

EXPLICATIONS

Quand on regarde un objet, certains attributs concernant cet objet – sa lumière, sa forme ou sa couleur – ont une incidence sur ce que voient les yeux.

L'œil est rond et il est composé de plusieurs éléments : ceux que l'on voit et ceux qui sont situés à l'intérieur. Pour que votre enfant puisse déjà voir les différents éléments visibles qui composent l'œil – la cornée, la pupille et l'iris –, vous pouvez lui faire regarder son œil dans un miroir.

L'image de l'objet regardé est envoyée sur une partie de l'œil que l'on ne voit pas, au fond, à l'intérieur : la rétine. C'est cette image que l'œil envoie au cerveau pour qu'il traite les informations concernant l'objet. Elle est gardée en mémoire quelques instants avant de disparaître (1/12e de seconde).

La persistance rétinienne est un phénomène optique correspondant à la faculté de l'œil (et du cerveau) à superposer une image déjà vue aux images que l'on est en train de voir. Cette compétence est utilisée dans les domaines du cinéma et de la télévision pour donner l'illusion d'un mouvement continu à partir d'une séquence d'images : la rétine de l'œil garde en mémoire un bref instant chaque image et le cerveau superpose les images, ce qui engendre cette impression de mouvement.

POUR RÉSUMER

L'image animée est constituée d'une succession d'images fixes.

Lors du visionnement, la persistance rétinienne donne l'illusion du mouvement.

ACTIVITÉ D'INTÉRIEUR

LE PRAXINOSCOPE

ÂGE CONCERNÉ : **à partir de 7 ans**

DURÉE DE L'ACTIVITÉ : **45 min**

MATÉRIEL

- Les gabarits (p. 235)
- Un poinçon
- Une boîte en carton ronde (comme celle du fromage fondu à tartiner)
- Une feuille de papier miroir
- Une feuille de papier cartonné
- Une feuille de papier blanc
- Une paille ou un crayon
- Du ruban adhésif ou du masking tape
- Des crayons de couleur
- Un cutter (à utiliser par l'adulte)
- Une paire de ciseaux

Pour faire suite au thaumatrope et au folioscope, voici une autre petite machine à construire : votre enfant fabriquera l'ancêtre du cinéma. Avec ce jouet optique, il pourra réaliser des dessins animés avec un rendu plus fluide que celui des deux précédents. Quoi de plus magique que d'imaginer et de donner vie à ses histoires ?

BUT

Créer un dessin animé de 12 images.

QUESTIONS À POSER POUR FAIRE FORMULER LES HYPOTHÈSES

- Sais-tu comment fonctionne le cinéma ?
- Qu'est-ce qui est projeté ? (Réponse : la bobine.)
- Sais-tu combien d'images par seconde il faut pour faire un dessin animé ? (Réponse : de 24 à 25.)

RÉALISATION

LE PRAXINOSCOPE

1. Découpez le gabarit de la pièce B dans une feuille de papier. Reportez les fentes sur le fond ou le couvercle de la boîte à fromage en la centrant bien au milieu. Trouez le centre à l'aide d'un poinçon.
2. Découpez deux exemplaires de la pièce C dans du papier cartonné et assemblez-les. Vous pouvez ajouter du ruban adhésif pour mieux les fixer. Aidez ensuite votre enfant à emboîter le bas de la pièce dans les fentes de la boîte.
3. Découpez la pièce A du gabarit dans le papier miroir. Pliez et assemblez la pièce, puis emboîtez-la dans les fentes du milieu de la boîte.
4. Décorez le bord de la boîte avec du masking tape.
5. Finissez la construction de la machine en emboîtant la paille ou le crayon dans le trou, au centre.
6. Réalisez ensuite les 12 dessins sur une bande de papier de 27 x 3 cm : tracez légèrement au crayon 12 cases de 22 mm et faites vos dessins au centre de chaque case. Pour réaliser un dessin animé qui semble plus long, faites un mouvement cyclique (c'est-à-dire 6 dessins qui se répètent : un homme qui marche, un jongleur avec ses balles, un animal qui court, etc.). Vous pouvez aussi vous resservir des dessins réalisés pour le folioscope et ainsi observer la différence entre les deux animations.
7. Insérez votre bande contre le papier cartonné de la pièce C. Les bords ne doivent pas se chevaucher, mais se toucher.
8. Tournez le crayon ou la paille dans le sens de votre dessin. Regardez les miroirs et laissez la magie opérer !

RÉSULTAT

En fixant son regard sur les miroirs, le dessin semble vraiment s'animer, sans saccade, de façon fluide.

EXPLICATIONS

Chacun des miroirs reflète l'un des 12 dessins de la bande (celui qui lui fait face). Si chaque miroir est placé exactement à mi-distance entre le dessin qu'il reflète et l'axe général de rotation, alors les dessins défilent de façon continue, quand on fait tourner le crayon. Mais leur reflet, lui, est rendu fixe par les propriétés réfléchissantes des miroirs. Avec la rotation de la boîte, les images se substituent les unes aux autres sans obturation, ce qui permet une meilleure visibilité des dessins représentés. Ce phénomène s'appelle la « compensation optique ».

POUR RÉSUMER

Le praxinoscope est un jouet optique qui donne l'illusion d'un mouvement grâce au phénomène de compensation optique.

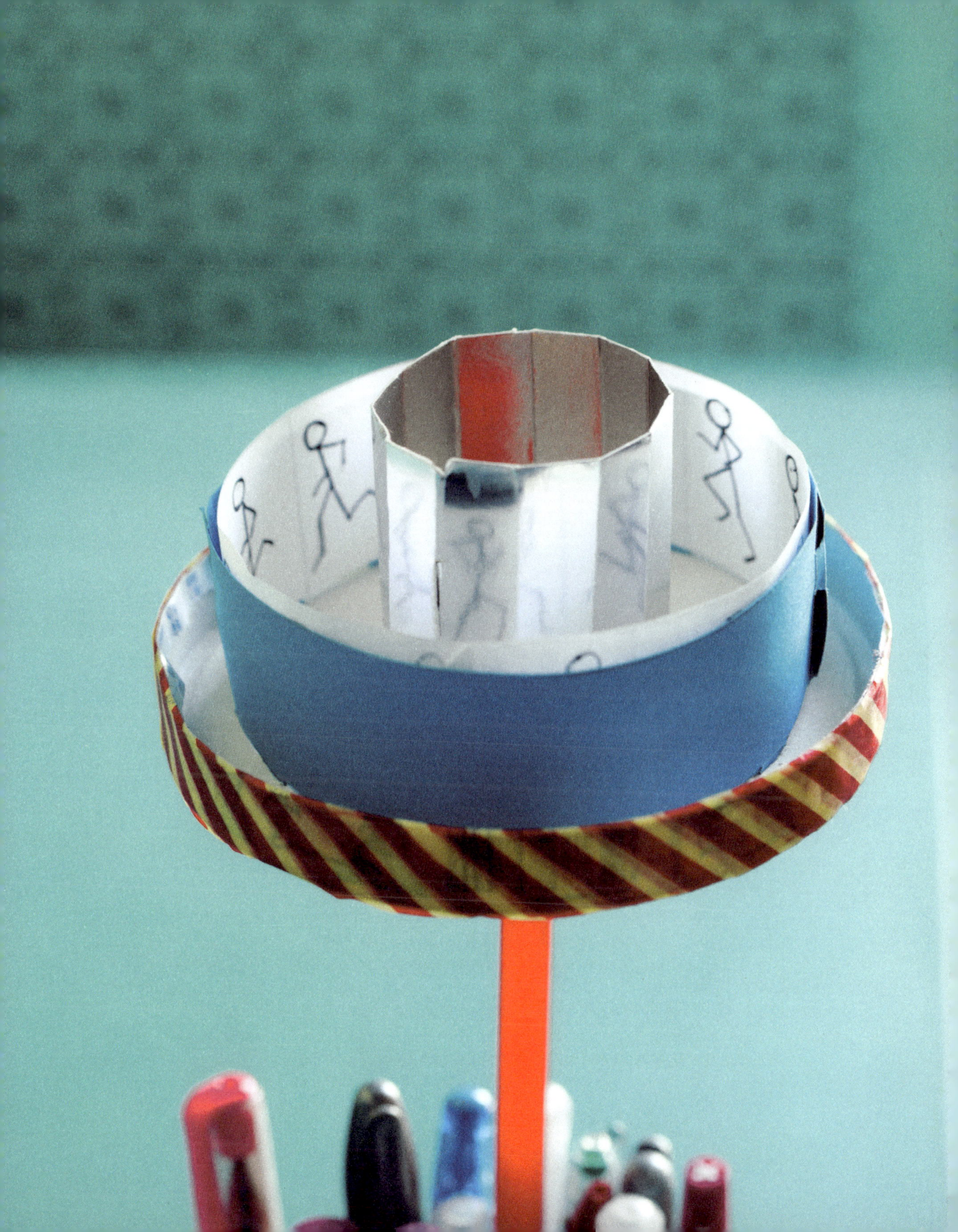

ACTIVITÉ D'INTÉRIEUR

LA VEILLEUSE FÉERIQUE

ÂGE CONCERNÉ : **à partie de 4 ans**

DURÉE DE L'ACTIVITÉ : **45 min**

MATÉRIEL

- **Une paire de ciseaux**
- **Un pinceau**
- **Un crayon**
- **Un assortiment de peintures phosphorescentes 3D pour textile**
- **Du film plastique transparent pour rétroprojecteur**
- **Un pot en verre**

Mes filles ont peur du noir au moment de s'endormir le soir. C'est le cas de beaucoup d'enfants. Pour éviter de laisser la lumière allumée toute la nuit, je vous propose de fabriquer ensemble une veilleuse. Ce sera l'occasion d'expliquer la phosphorescence. Les substances qui brillent dans le noir ont de nombreuses applications pratiques aujourd'hui. Les horloges, les montres, les issues de secours et les escaliers sont très souvent mis en évidence avec de la peinture phosphorescente qui, même en cas de panne de courant, continue d'éclairer. Après cette activité, votre enfant repérera les endroits où elle est utilisée et sera fier de pouvoir en expliquer le phénomène. Il aura, de plus, créé sa propre veilleuse. Celle-ci aura le scintillement d'un soir d'été où l'on aurait capturé des lucioles dans un pot. Poésie et endormissement facile assurés...

BUT

Apprendre comment fonctionne la phosphorescence.

QUESTIONS À POSER POUR FAIRE FORMULER LES HYPOTHÈSES

- Connais-tu des objets qui brillent dans la nuit ? (Réponse : stickers étoiles dans les chambres, aiguilles de montres, portes de secours... et, pourquoi pas, lucioles !)
- Qu'est-ce qui les fait briller ?
- Est-ce que ça brille tout le temps ?

RÉALISATION

LA VEILLEUSE FÉÉRIQUE

1. Découpez le film plastique aux dimensions de votre pot en verre. Pour cela, couchez le pot sur le papier et faites un repère pour la hauteur. Enroulez ensuite le pot avec le papier pour obtenir la longueur nécessaire. Tracez les traits et coupez.

2. Enroulez ensuite le film et insérez-le dans le pot : les bords du film doivent se superposer sur 1 cm au maximum. Recoupez si nécessaire. Ressortez le morceau de film.

3. Sur la face lisse du film posé à plat, faites des points avec de la peinture 3D.

4. Attendez 1 heure que la peinture sèche.

5. Enroulez à nouveau le film, les points vers l'extérieur. Insérez le rouleau ainsi formé à l'intérieur du pot

6. Votre veilleuse féerique est prête ! N'oubliez pas de la placer quelques minutes sous la lumière avant de la donner à votre enfant le soir.

❷

ET VOILÀ LE RÉSULTAT DANS LE NOIR :

CONSEILS

Si votre tube de peinture n'est pas muni d'une pointe fine, versez la peinture dans une soucoupe et utilisez un pinceau fin.

La peinture phosphorescente de couleur blanche (naturelle) brille plus que les peintures colorées. Pour un effet magique optimum, multipliez les points blancs sur le film.

EXPLICATIONS

La phosphorescence est le phénomène observé lorsqu'une matière continue à émettre de la lumière après avoir été éclairée. Une molécule phosphorescente possède la propriété d'absorber de l'énergie lumineuse et de la restituer lentement sous forme de lumière phosphorescente.

La luminescence est le procédé par lequel la lumière est produite autrement que par le chauffage. Le Soleil émet de la chaleur et de la lumière à la suite de réactions nucléaires dans son noyau. Une ampoule à incandescence émet de la lumière quand un filament de fil à l'intérieur de l'ampoule est chauffé à blanc. On peut lire à la lueur d'une flamme de bougie, car la cire brûlante dégage de la chaleur et de la lumière. Mais la lumière peut également être produite par d'autres processus, dans lesquels la chaleur n'est pas impliquée. Par exemple, les lucioles produisent de la lumière par des réactions chimiques qui ont lieu au sein de leur organisme.

Deux formes de luminescence peuvent être identifiées, en fonction de la quantité de lumière émise et du temps où elle continue à briller : la fluorescence et la phosphorescence. La différence entre les deux est la capacité des matériaux phosphorescents à briller après que la source de lumière soit supprimée. En effet, la lumière de la fluorescence ne dure pas plus de 10 nanosecondes (10 milliardièmes de seconde), alors que certaines substances phosphorescentes peuvent briller pendant quelques minutes, certains même pendant des jours. Notre veilleuse féerique brillera, selon la peinture utilisée, entre 10 et 20 minutes.

IDÉE EN PLUS

En fonction de la taille de votre pot, vous pouvez aussi écrire des phrases, dessiner des motifs... Utilisez, dans ce cas, la couleur blanche pour une meilleure visibilité.

ACTIVITÉ D'INTÉRIEUR

LA ROUE DE FÊTE FORAINE

ÂGE CONCERNÉ : **à partir de 8 ans**

DURÉE DE L'ACTIVITÉ : **2 h**

MATÉRIEL

- Les gabarits (p. 236-237)
- Un carton d'emballage (un grand paquet de céréales vide) ou du papier cartonné de 300 g/m²
- 5 capsules de café vidées et lavées
- Un morceau de paille de 8 cm
- 5 morceaux de pique à brochette de 7,5 cm
- 10 bouts de ficelle de 12 cm
- Un morceau de pique à brochette de 12,5 cm
- Colle forte (ou pistolet à colle)
- 24 perles munies d'un trou de 1,5 à 2 mm de diamètre
- Pour décorer : de la peinture, des feutres, du papier, des strass à coller, du masking tape...

Les roues sont partout dans notre environnement aujourd'hui. Elles sont tellement présentes qu'on ne les voit même plus et que nous oublions de nous demander comment elles tournent. Pourtant, il y a quelques milliers d'années, l'invention de la roue a révolutionné le transport, mais aussi le déplacement des objets lourds.
La roue fait partie des huit machines simples. Une machine simple est un dispositif comportant peu de pièces, qui facilite l'accomplissement d'un travail en réduisant la force nécessaire pour l'effectuer. Il existe huit types de machine simple : le levier, la poulie, la roue, le coin, le plan incliné, la vis, l'engrenage et le treuil.
En fabricant cette belle roue de fête foraine, votre enfant va comprendre l'importance d'un axe de rotation tout en se créant un joli jouet, dans lequel il pourra faire tourner ses figurines !

BUT

Comprendre comment fait une roue pour tourner.

QUESTIONS À POSER POUR FAIRE FORMULER LES HYPOTHÈSES

- De quoi a-t-on besoin pour fabriquer une roue ?
- À quoi ressemble une roue ?
- Comment tourne-t-elle ?

RÉALISATION

LES DIFFÉRENTES PIÈCES DE LA GRANDE ROUE

Avant de commencer, reportez les gabarits sur les cartons d'emballage ou du papier cartonné épais et découpez les différentes pièces qui composent la grande roue :

- **Roue A :** à couper en deux exemplaires. Évidez les parties indiquées et trouez chaque petit rond noir.
- **Support B :** à couper en deux exemplaires. Évidez la partie indiquée, trouez le rond noir et coupez les fentes.
- **Support C :** à couper en deux exemplaires. Coupez les fentes.

LA ROUE

Assemblez les deux roues en insérant la paille dans les trous du milieu. Cette dernière doit dépasser de chaque côté.

Insérez le morceau de pique à brochette de 12,5 cm dans la paille.

Bloquez la paille en enfilant une perle de chaque côté du bâtonnet. Enfoncez les perles jusqu'à la paille.

FABRIQUER LES NACELLES

1. Trouez les capsules de chaque côté.
2. Enfilez une ficelle dans chaque trou et nouez les deux extrémités de la ficelle ensemble.
3. Passez un morceau de pique à brochette de 7,5 cm dans les ficelles, puis enfoncez une perle sur chaque extrémité.
4. Superposez les roues et faites-les tourner jusqu'à ce que les trous correspondent exactement.
5. Insérez un morceau de pique dans chaque roue.
6. Pour finir, bloquez le tout avec une perle au bout de chaque morceau de pique.
7. Répétez les étapes de 1 à 6 pour chaque nacelle.

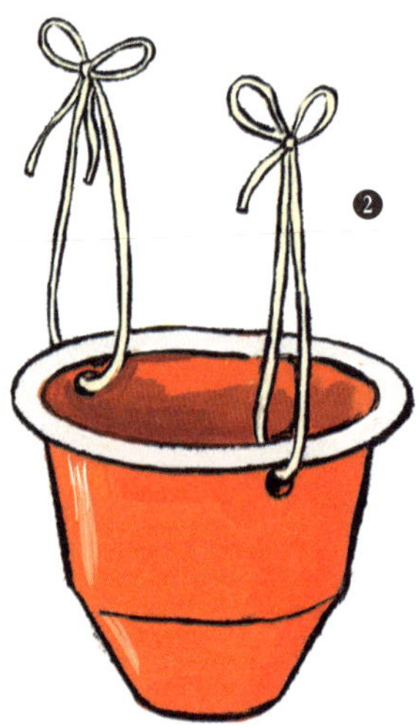

RÉALISATION

LES SUPPORTS

Emboîtez les pièces C dans les fentes des deux pièces B.
Insérez le morceau de pique central de la roue dans les trous des pièces B.
Terminez en insérant une perle de chaque côté du morceau de pique pour bloquer le tout.

RÉSULTAT

La roue tourne maintenant et les nacelles tournent aussi de façon à rester droites.

EXPLICATIONS

La roue est l'une des plus anciennes technologies. Une roue est un disque rigide ou un anneau relié au centre par des rayons ou des bras. La tige autour de laquelle tourne une roue s'appelle un « axe » ou un « essieu ». La roue et l'axe constituent ensemble une machine simple : quand la roue tourne, l'axe tourne aussi.
Dans le cas de la grande roue, les nacelles restent toujours dans la même orientation grâce à leur axe, mais leur mouvement est circulaire. C'est ce que l'on appelle la « translation circulaire ». En effet, la roue en elle-même effectue un mouvement de rotation.

ACTIVITÉ D'INTÉRIEUR

FAIRE DES BULLES DE SAVON

ÂGE CONCERNÉ : **de 4 à 6 ans**

DURÉE DE L'ACTIVITÉ : **30 à 45 min**

MATÉRIEL

- **Un verre à digestif qui va servir de mesure (à défaut, un coquetier)**
- **4 doses d'eau**
- **1 dose de liquide vaisselle**
- **20 g de sucre en poudre**
- **2 cuillerées à café rases de fécule de maïs**
- **Des cure-pipes, du fil de fer, des pailles ou un entonnoir**
- **Vos accessoires à bulles**

Mes filles et moi (surtout moi, d'ailleurs…), on adore faire des bulles ! C'est facile, c'est ludique et c'est coopératif, car il y a ceux qui font des bulles et ceux qui les éclatent. Vous aussi, peut-être, avez déjà tenté de faire votre propre mélange eau-liquide vaisselle, une fois le tube terminé… Mais cela fonctionne beaucoup moins bien. Je suis sûre que vous n'imaginiez pas que faire des bulles pouvait être une formidable expérience scientifique ! Je vous propose en réalisant cette activité de faire découvrir la magie des bulles à votre enfant, tout en lui expliquant ce qui se passe et ce qui facilite la formation des bulles. Il découvrira que tout n'est pas qu'une question de produit…

BUT

Il y a une multitude de buts possibles. Découvrir :

- ce qu'il faut pour faire des bulles ;
- quels sont les supports pour faire des bulles ;
- quelles sont les bulles les plus solides ;

RÉALISATION

QUESTIONS À POSER POUR FAIRE FORMULER LES HYPOTHÈSES

- Que faut-il pour faire des bulles ? (Indices : les ingrédients, les supports, la technique.)
- Quand vois-tu des bulles ?
- Tous les supports font-ils les mêmes bulles ? (Indice : une bulle est-elle toujours ronde, quel que soit le support utilisé ?)
- Quels supports et quelles techniques sont les plus efficaces ? (Réponse : les plus petits, et il faut souffler doucement.)

EXPÉRIMENTATION ET RÉSULTAT

L'astuce est d'ajouter progressivement les ingrédients pour que votre enfant comprenne que c'est le mélange des ingrédients qui engendre des bulles solides. Ensuite, il pourra fabriquer divers supports pour tester lesquels sont les plus efficaces.

1. Mettez de l'eau dans un bol, puis trempez-y une paille et soufflez.

Résultat : il n'y a pas de bulle. L'eau ne suffit pas.

2. Ajoutez le liquide vaisselle, puis trempez-y une paille et soufflez. Recommencez plusieurs fois.

Résultat : votre enfant parvient à faire quelques bulles, mais celles-ci sont fragiles et se cassent facilement.

3. Ajoutez le sucre et la fécule de maïs, puis trempez-y une paille et soufflez à nouveau. Recommencez plusieurs fois

Résultat : les bulles sont plus grosses et durent plus longtemps.

4. Avec les cure-pipes ou le fil de fer, créez des formes (triangle, gros cercle, petits cercles) et laissez-les un peu tremper dans la solution avant de faire des bulles avec.

4

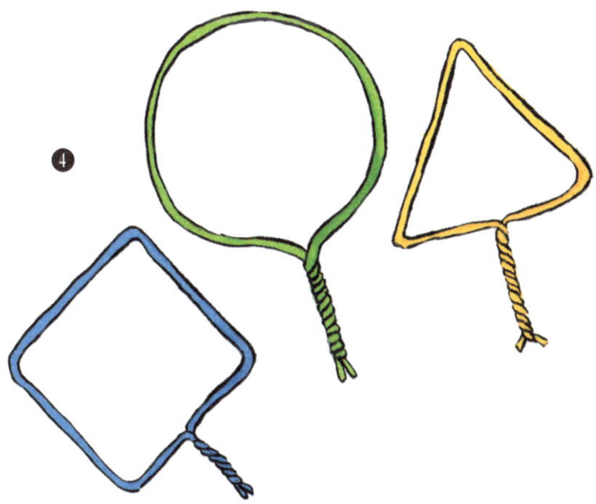

RÉALISATION

EXPÉRIMENTATION ET RÉSULTAT

5. Coupez 6 morceaux de paille de 6 cm environ, puis nouez autour un cure-pipe pour les maintenir ensemble. Enfin, trempez une extrémité de ce nouveau support dans le liquide et soufflez. Vous pouvez utiliser d'autres supports, tels qu'un entonnoir par exemple.

Résultat : la taille du support a une influence sur la taille des bulles, mais pas sur leur forme : au final, quand la bulle se détache du support, elle est ronde, quelle que soit la forme initiale de celui-ci.
Les petites bulles sont les plus solides. Il faut souffler doucement.
Il faut beaucoup de produit pour obtenir une bulle bien épaisse.

EXPLICATION

Une bulle est une fine membrane entourant un volume d'air. Un liquide est composé de molécules qui s'attirent les unes les autres afin de former une cohésion.
Quel que soit le support, vous avez pu observer que la bulle est toujours ronde. C'est parce que, pour un même volume d'air enfermé, la sphère est la forme ayant la plus petite surface.
Dans une bulle, la membrane peut se former, car les molécules du savon entourent les molécules d'eau et créent ainsi une surface avec une tension plus faible.
Vous avez pu observer que la bulle goutte par-dessous. C'est l'eau qui tombe. Au bout d'un moment, la bulle finit par éclater, car le liquide est attiré vers le sol à cause de la gravité. En ajoutant du sucre et de la fécule de maïs, vous ajoutez de la viscosité, ce qui forme une résistance à l'écoulement vers le bas. C'est grâce à cela que les bulles durent plus longtemps.

L'IDÉE EN PLUS

Si l'endroit où vous faites des bulles ne craint rien, vous pouvez ajouter quelques gouttes de colorant alimentaire pour créer des bulles de couleur.

ACTIVITÉ D'INTÉRIEUR ET D'EXTÉRIEUR

UNE GIROUETTE

ÂGE CONCERNÉ : **à partir de 4 ans**

DURÉE DE L'ACTIVITÉ : **45 min**

MATÉRIEL

- **Les gabarits (p. 238)**
- **Du papier cartonné**
- **Une pique à brochette**
- **Une paille**
- **Deux perles en bois**
- **Du ruban adhésif**
- **Du papier et des feutres pour la décoration**
- **Une boussole**
- **Un grand gobelet avec couvercle troué**
- **Des petits cailloux, du gravier ou du sable pour remplir le gobelet**

Grâce à cette activité, les enfants comprendront d'où vient le vent et prendront conscience de la matérialité de l'air. Ils pourront ainsi constater que l'on peut utiliser l'air pour faire fonctionner des objets : ici, indiquer la direction du vent.

Bien évidemment, cette activité est à réserver pour un jour où le vent souffle. Si la météo est à la pluie, ce sera l'occasion de passer un moment ensemble, puis d'aller braver les intempéries lorsque le vent soufflera.

BUT

Plusieurs buts sont possibles.

- Comprendre les effets du vent.
- Apprendre quels objets indiquent la direction du vent.

RÉALISATION

QUESTIONS À POSER POUR FAIRE FORMULER LES HYPOTHÈSES

• Comment sait-on qu'il y a du vent ? À quoi voit-on qu'il y a du vent ? Il peut y avoir trois catégories de réponses :

- les effets du vent sur le corps, perçus à l'aide des cinq sens (le vent dans les cheveux…) ;
- les effets du vent sur les éléments présents dans la nature (les feuilles des arbres bougent) ;
- les effets du vent sur des objets construits par l'homme.

• Connais-tu des objets que l'on peut utiliser pour savoir d'où vient le vent ? Comment fonctionnent-ils ?

LA GIROUETTE

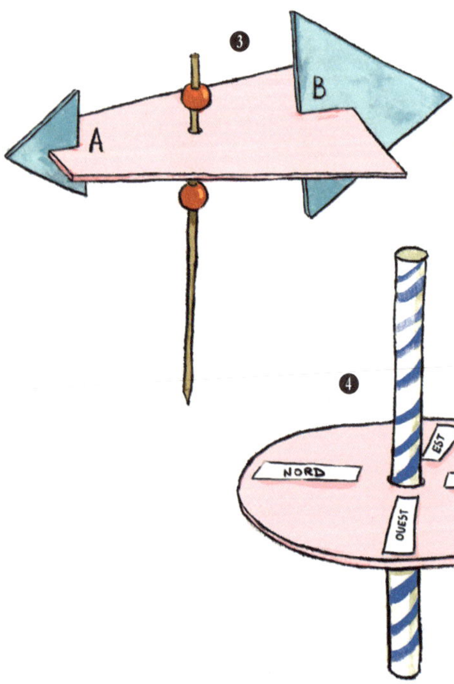

1. Reproduisez ou photocopiez les gabarits sur le papier cartonné.

2. Découpez en suivant les contours, ainsi que les fentes de la grande partie.

3. À l'aide d'une grosse aiguille, percez le point situé sur la grande partie et sur le disque découpé. Faites remarquer à votre enfant que ce point n'est pas au milieu.

Ensuite, emboîtez les parties ensembles (A-A ; B-B), puis faites passer la pique à brochette dans le trou (la pointe vers le bas). Enfilez une perle de chaque côté de la pique pour prendre la flèche en sandwich.

4. Faites passer la paille par le trou du disque. À l'aide du ruban adhésif, fixez-les ensemble.

RÉALISATION

LA GIROUETTE

5. Lestez le gobelet avec les cailloux, le gravier ou le sable. Refermez avec le couvercle et enfoncez la paille dans le trou du couvercle. Vous pouvez aussi décorer le couvercle.
6. À l'aide d'une boussole, ajoutez les quatre points cardinaux sur le disque et collez les étiquettes nord/sud/est/ouest. Les plus petits peuvent les colorier de quatre couleurs différentes.
7. Emmenez la girouette dehors et placez-la dans le vent. Il peut être intéressant d'observer et de faire relever les différentes directions prises par le vent sur une semaine entière.
Résultat : le vent « pousse » la girouette, qui tourne grâce à son axe vertical (la pique dans la paille) et se stabilise dans une direction que l'on peut lire grâce à l'étiquette.

6

EXPLICATIONS

Il est important de noter que la pointe de la flèche montre la direction d'où provient le vent. Lorsque le vent change de direction, il pousse l'arrière de la flèche, jusqu'à ce que celle-ci soit alignée avec le vent (parallèle au vent). On se réfère alors aux quatre principaux points cardinaux pour juger de la direction du vent.

POUR RÉSUMER

Une girouette est un instrument technique qui permet d'indiquer la direction du vent.
Elle possède une grande et une petite partie pour savoir d'où vient et où va le vent.
Elle tourne autour d'un axe vertical (la pique dans la paille).
Le vent exerce une force sur la girouette de façon stable (toujours de la même façon) et pousse les parties les plus grandes de la girouette (les prises au vent) pour que celle-ci s'aligne (de manière parallèle) avec le vent.

ACTIVITÉ D'INTÉRIEUR ET D'EXTÉRIEUR

UN PLANEUR

ÂGE CONCERNÉ : **à partir de 4 ans**

DURÉE DE L'ACTIVITÉ : **20 min**

MATÉRIEL

- **Une bande de papier cartonné de 25 x 2,5 cm**
- **Une bande de papier cartonné de 12,5 x 2,5 cm**
- **Une paille**
- **Du ruban adhésif**
- **Du masking tape, des chutes de papier de soie ou des feutres de couleur, si votre papier est uni.**

Comment ça vole ? Quel enfant ne s'est jamais posé la question ? Pour lui faire comprendre pourquoi un avion peut voler, je vous propose de construire un planeur inhabituel. Sa forme est rigolote et change des avions en papier. Et... ça vole ! Au-delà du caractère ludique (votre enfant va passer des heures à jouer avec !), cette activité donne l'occasion d'aborder quelques propriétés de l'air. Vous lui expliquerez que, même si l'on ne le voit pas, l'air agit sur les objets. Pour faire voler un objet, il faut se servir ou aller contre les propriétés physiques de l'air et de l'objet lui-même. Cette activité est donc un bon prétexte pour aborder les notions de force et de portance. Ces notions aux noms un peu barbares peuvent sembler compliquées, mais en les reliant à cette situation pratique et ludique, votre enfant n'aura pas de mal à comprendre pourquoi les avions volent.

BUT

Comprendre pourquoi les planeurs, les hélicoptères et les avions volent.

QUESTIONS À POSER POUR FAIRE FORMULER LES HYPOTHÈSES

- D'après toi qu'est-ce qui fait qu'un avion vole ?
- Pour qu'un avion vole, qu'est-qu'il faut ?

RÉALISATION

LE PLANEUR

1. Enroulez chaque bande de papier sur elle-même pour former un cercle.
2. Fixez chaque bande avec du ruban adhésif. Vous avez ainsi obtenu un grand cercle et un petit cercle.
3. Fixez la paille à chaque extrémité des cercles en formant une ligne.
4. Pour finir, vous pouvez décorer le planeur : avec du masking tape, en dessinant des motifs au feutre ou en fixant des franges en papier de soie en bas du grand cercle.

5. Une fois terminé, lancez le planeur en plaçant votre main au milieu de la paille, le petit cercle sur le devant.
Faites l'essai aussi avec le grand cercle sur le devant. C'est magique : en lançant vers le haut, le planeur fera un looping pour se remettre dans la bonne position.

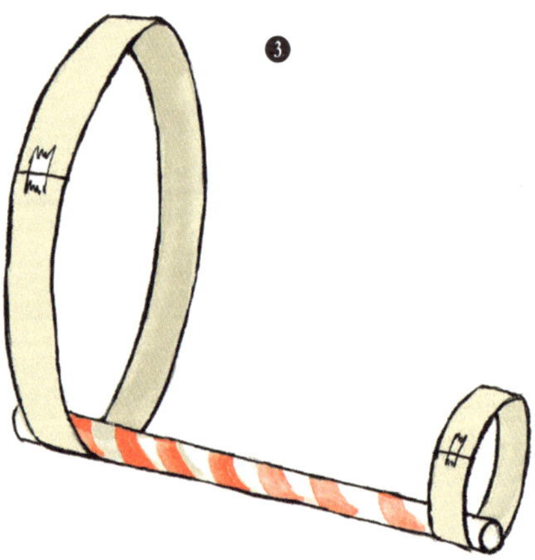

POUR RÉSUMER

Quand un objet vole, il y a quatre forces en action :
- Une force vers l'avant : la poussée ;
- Une force vers le bas : le poids ;
- Une force vers l'arrière : la traînée ;
- Une force vers le haut : la portance.

EXPLICATIONS

Plusieurs facteurs combinés permettent au planeur de voler.

Tout d'abord, il faut comprendre ce qu'est **une force** *: Une force est ce qui agit sur un objet pour le mettre en mouvement, l'immobiliser ou changer sa direction. Sans force en action, un objet est immobile.*

Ensuite, pour que le planeur vole, il faut le lancer. **La poussée** *est la force qui permet d'avancer, d'aller de l'avant. La force de la poussée initiale dépend donc du lancer. Si vous lancez fort le planeur, la poussée sera grande.*

Au bout d'un moment, le planeur tombe : c'est dû à **son poids.** *Le poids fait en sorte qu'un objet lancé dans les airs retombe au sol, si rien ne s'y oppose. Plus la masse de l'objet est importante, c'est-à-dire plus la quantité de matière qui constitue l'objet est grande, plus l'attraction de la terre est forte. C'est la raison pour laquelle, dans l'activité « Un hélicoptère en papier » (p. 194), on utilise un trombone : le papier de l'hélicoptère, trop léger, ne tournerait pas en tombant droit.*

La traînée *est une force de résistance. L'air qui nous entoure « frotte » la surface du papier exposée au « vent » produit quand on lance le planeur. Pour réduire ce phénomène, il est donc important d'utiliser un papier lisse, non texturé, pour fabriquer le planeur. Ce dernier vole très bien, car la surface de résistance n'est pas très importante. C'est aussi cette force qui permet à l'hélicoptère de tourner en tombant : les hélices offrent une surface de résistance ; si elles étaient trop courtes, l'hélicoptère tomberait comme un bout de papier.*

Enfin, **la portance** *est la force de l'air qui va vers le haut et qui s'oppose au poids. La portance dépend de la vitesse, de la forme et de la taille, mais aussi de l'angle du planeur par rapport à l'horizontale. Par conséquent, lorsque le planeur perd de sa vitesse, la portance est plus faible et le planeur tombe. C'est également la portance qui permet à l'hélico de tourner.*

Si vous effectuez le lancer légèrement vers le haut, en inclinant le planeur, la portance est plus importante, et le vol sera plus long.

Vous pouvez faire varier la vitesse du lancer, l'angle du lancer et les formes : plutôt que de faire des cercles, réalisez un planeur avec des triangles, des carrés, des cœurs, etc. C'est très amusant pour l'enfant et très intéressant au niveau des apprentissages, car la variation de ces paramètres lui permettra de comprendre les quatre forces en jeu.

ACTIVITÉ D'INTÉRIEUR

UNE CATAPULTE

ÂGE CONCERNÉ : **à partir de 4 ans** (l'explication scientifique concernera davantage les enfants plus grands)

DURÉE DE L'ACTIVITÉ : **20 min**

MATÉRIEL

- **7 bâtonnets de bois**
- **1 cuillère ou une fourchette en bois**
- **4 petits élastiques**

Voici une activité qui vous permettra d'approfondir les notions de lancer et d'élasticité. Elle est, de plus, très séduisante, car quoi de plus rigolo que de construire facilement un engin pour lancer des projectiles à travers la pièce ?

BUT

Montrer comment l'énergie se transmet.

QUESTIONS À POSER POUR FAIRE FORMULER LES HYPOTHÈSES

- Sais-tu ce qu'est une catapulte ?
- À quoi ça sert ?
- Comment ça fonctionne ?
- D'après toi, avec ce matériel, comment pourrait-on construire une catapulte ?

RÉALISATION

LA CATAPULTE

1. Superposez 6 bâtonnets et fixez-les à l'aide d'un petit élastique à chaque extrémité.
2. Fixez la fourchette au milieu de l'ensemble de bâtonnets ainsi créé à l'aide d'un élastique : pour que la fourchette tienne bien droit, enroulez l'élastique en croix en le passant de chaque côté des bâtonnets.
3. Pour finir, glissez un bâtonnet sous l'ensemble de 6 au milieu à angle droit, parallèlement à la fourchette qui est au-dessus. Fixez par un élastique l'extrémité de la fourchette à ce bâtonnet du dessous pour former une pince. Le groupe de 6 tient maintenant en sandwich au milieu.
Vous pouvez refaire des catapultes en mettant moins de bâtonnets dans le groupe, ou plus. Observez l'incidence sur la projection.

RÉSULTAT

En lâchant la fourchette, le projectile est projeté vers l'avant. Selon le nombre de bâtonnets utilisés, il partira vers le haut ou devant. Les projectiles les plus légers vont le plus loin.

EXPLICATIONS

Lorsque vous tirez sur la fourchette, l'élastique est étiré. L'énergie est stockée dans cet élastique. Quand vous lâchez la fourchette, l'élastique retrouve sa forme initiale. L'énergie stockée est alors transformée en mouvement, la fourchette bouge vite. Quand le bras s'arrête, l'énergie est transférée dans le projectile, qui est projeté vers l'avant. Plus l'objet à projeter est léger, plus la fourchette bougera vite et plus l'objet ira loin.

POUR RÉSUMER

L'élasticité est la capacité d'un solide à se déformer sous l'action d'une contrainte, puis à revenir à sa position initiale quand la contrainte cesse.
L'énergie stockée par la déformation de l'élastique est transformée en mouvement, puis est transférée dans le projectile.

L'IDÉE EN PLUS

Si vous n'avez pas de fourchette en bois ou en plastique, vous pouvez utiliser un bâtonnet, sur lequel vous collerez un bouchon en plastique.

ACTIVITÉ D'INTÉRIEUR

UN AÉROGLISSEUR

ÂGE CONCERNÉ : **à partir de 6 ans**

DURÉE DE L'ACTIVITÉ : **5 min de bricolage + temps de séchage + 15 min de découverte**

MATÉRIEL

- Un CD ou un DVD usagé
- Un bouchon sport de bouteille d'eau
- 3 ballons de baudruche de tailles différentes
- De la colle Super Glue

Qu'est-ce qu'un aéroglisseur ? C'est un véhicule sur coussin d'air. Avec cette activité créative et scientifique, vous allez fabriquer votre propre mini-aéroglisseur de façon très simple. Vous pourrez apprendre à votre enfant de façon concrète que la quantité d'air dans le ballon a une conséquence sur la durée pendant laquelle l'aéroglisseur plane. Magie et effet de surprise garantis ! Je vous conseillerais presque de le filmer la première fois.

BUT

Apprendre comment glisse un aéroglisseur.

QUESTIONS À POSER POUR FAIRE FORMULER LES HYPOTHÈSES

- Comment un aéroglisseur fait pour ne pas être en contact avec le sol ?
- Est-ce que le déplacement de l'aéroglisseur dépend de la quantité d'air disponible ?

RÉALISATION

L'AÉROGLISSEUR

1. Collez le bouchon sport sur le CD par-dessus le trou du milieu en faisant attention à ne pas mettre de colle sur le dessous. Attendez que le tout sèche (reportez-vous à la notice de votre colle pour connaître le temps de séchage).
2. Soufflez dans les ballons une première fois pour les détendre.
3. Choisissez le plus petit ballon et enfilez-le sur le bouchon en l'enfonçant. Ouvrez le bouchon en le tenant (et pas le CD), puis soufflez dans le ballon par-dessous le CD.
4. Pincez la base du ballon pour que l'air ne s'échappe pas et fermez le bouchon.
5. Posez l'aéroglisseur ainsi fabriqué sur une surface lisse.
6. En le tenant, ouvrez le bouchon (comme à l'étape n° 3). Recommencez l'expérience avec les autres tailles de ballon ou, à défaut, ne gonflez pas entièrement le ballon.

❸

❻

RÉSULTAT

Dès que le bouchon est ouvert, l'aéroglisseur se met en mouvement et glisse dans tous les sens.

Quand le ballon est vide, l'aéroglisseur touche à nouveau le sol et s'arrête.

Plus le ballon est gros, plus l'aéroglisseur bouge longtemps tout seul.

EXPLICATIONS

Un aéroglisseur est un véhicule qui glisse sur une surface lisse en planant sur un coussin d'air.

Les aéroglisseurs peuvent aussi se déplacer sur la surface de l'eau. Ce sont des véhicules amphibies.

Un ballon gonflé avec beaucoup d'air va fournir un grand volume d'air, et un ballon gonflé avec moins d'air fournira un plus petit volume d'air.

L'air contenu dans le ballon s'échappe par le trou du bouchon sport, ce qui a pour effet de soulever légèrement le CD. Au même moment, il se forme sous le CD un mince coussin d'air, sur lequel l'aéroglisseur peut alors glisser. Le frottement de l'air à la surface est ainsi très faible et permet, par conséquent, à l'aéroglisseur de parcourir de longues distances.

L'IDÉE EN PLUS

Décorez votre aéroglisseur : collez un joli papier sur le dessus ou peignez-le avec de la peinture acrylique. Faites cependant toujours attention à ne pas mettre de colle ou de peinture sur le dessous du CD.

ACTIVITÉ D'INTÉRIEUR ET D'EXTÉRIEUR

UN LANCEUR DE POMPONS

ÂGE CONCERNÉ : **à partir de 4 ans**

DURÉE DE L'ACTIVITÉ : **30 min**

MATÉRIEL

- **1 gobelet en carton (ou 2 en plastique, l'un dans l'autre)**
- **Un ballon**
- **Des pompons de différentes tailles**
- **Des Chamallows®**
- **Du masking tape**
- **Un mètre ruban**

Avez-vous remarqué combien votre enfant aime lancer ? Une balle, son doudou, des livres même... Excepté la balle, nous, adultes, réprimons souvent notre désir de lancer... Voici un petit jeu très simple à fabriquer, ultraludique et complètement régressif, qui servira à initier les enfants aux notions de distance, de trajectoire et d'attraction terrestre. Ce jeu est totalement addictif ! Vous allez vous surprendre à jouer, vous aussi !

BUT

Vous pouvez vous fixer deux buts en fonction de l'âge des enfants.

- Qu'est-ce ce qui va le plus loin : les pompons ou les Chamallows® ? (De 4 à 6 ans.)
- Comment lancer le plus loin possible les pompons et les Chamallows® ? (De 6 à 8 ans.)

QUESTIONS À POSER POUR FAIRE FORMULER LES HYPOTHÈSES

Quelles sont les différentes façons de lancer ? Qu'est-ce qui permet de lancer un objet plus loin que si tu le lançais par toi-même ? Qu'est-ce qui va le plus loin entre les différentes tailles de pompons et entre un pompon et un Chamallows® de même taille ? Comment le vérifier ?

LE LANCEUR DE POMPONS

L'expérimentation peut se dérouler en deux phases : la première consiste à créer et à découvrir l'effet du propulseur ; la seconde mesure les distances en fonction de celui qui lance, de la matière utilisée ou de la taille de l'objet lancé.

1. Découpez le fond du gobelet en carton.

2. Nouez d'abord le ballon (sans le gonfler), puis découpez le fond du ballon (le côté opposé au nœud).

3. Enfilez le ballon sur le côté non découpé du gobelet.

4. Insérez un pompon dans le gobelet, tirez sur le nœud en tenant le gobelet à l'horizontale, puis lâchez le nœud. Si le ballon a du mal à rester sur le gobelet au moment du lancer, vous pouvez le fixer avec du ruban adhésif.

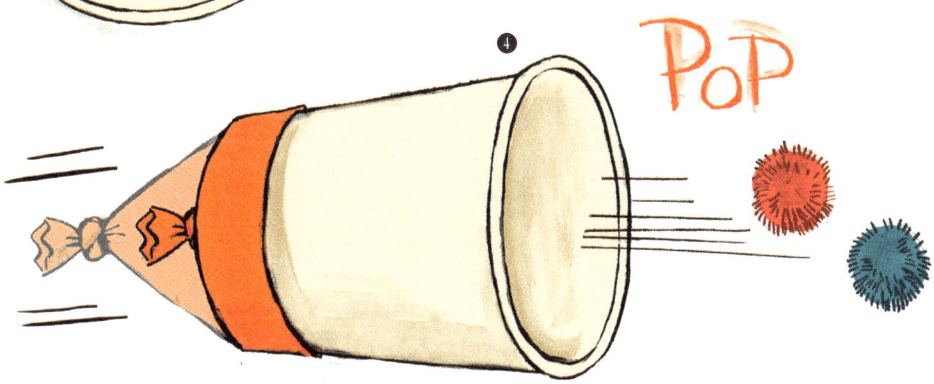

RÉSULTAT DE LA PHASE 1

Le pompon est lancé à distance. Selon la force avec laquelle le nœud est tiré, le pompon est lancé plus ou moins loin.

Avec votre mètre et le masking tape, posez différents repères de distance au sol. Cette expérimentation est très ludique pour se familiariser avec les notions de distance et de trajectoire.

Faites réaliser différents lancers à votre enfant (selon la taille des pompons et des Chamallows®) et voyez où les objets tombent. Faites varier aussi la façon de lancer, avec le propulseur dirigé vers le haut, vers le bas ou tout droit. De quelle façon faut-il lancer pour que ça aille le plus loin possible ?

Comment décrire le chemin que fait le pompon depuis le propulseur jusqu'au sol ? Si la description vous semble compliquée à formuler, vous pouvez lui faire faire un dessin.

RÉSULTAT DE LA PHASE 2

Les Chamallows® vont plus loin que les pompons, les gros pompons vont plus loin que les petits. Si le nœud du ballon n'est pas assez tiré, il est possible que la distance parcourue par l'objet soit toute petite.

EXPLICATION

Si la vitesse est faible au moment du lancer, l'objet tombe presque tout de suite : la trajectoire se rapproche de la verticale. Si la vitesse est grande – si l'on tire davantage le nœud –, la trajectoire, au début, est proche de l'horizontale avant de tomber au sol. Tout objet est attiré par le centre de la terre, c'est pourquoi il tombe quand il est lancé. C'est ce que l'on appelle « l'attraction terrestre ».

POUR RÉSUMER

Les éléments les plus lourds vont plus loin quand on les lance.

Les éléments lancés vont d'abord tout droit avant de redescendre : c'est l'attraction terrestre.

ACTIVITÉ D'INTÉRIEUR

UN BATEAU TUC-TUC

ÂGE CONCERNÉ : **à partir de 7 ans**

DURÉE DE L'ACTIVITÉ : **de 1 h 30 à 2 h**

MATÉRIEL

- **Une canette de 33 cl en aluminium**
- **Une brique de jus de fruits en carton (en option, une seconde)**
- **2 pailles**
- **Pâte à fixer**
- **Une bougie chauffe-plat**
- **De la peinture acrylique**

Un bateau qui avance tout seul, quoi de plus magique… Avec ce bricolage, vous allez créer avec votre enfant un jouet qui l'émerveillera. Si vous avez vu le film *Ponyo sur la falaise* de Miyazaki, vous reconnaîtrez le bateau que Ponyo a agrandi par magie…

BUT

Reproduire un bateau à vapeur.

QUESTIONS À POSER POUR FAIRE FORMULER LES HYPOTHÈSES

Pour cette expérience, pas de question : les scientifiques eux-mêmes ont du mal à expliquer le phénomène qui permet la propulsion du bateau ! L'intérêt de cette activité est, d'une part, de créer une mini-chaudière avec du matériel basique et, d'autre part, de fabriquer soi-même un bateau qui avance sans autre énergie que celle de la vapeur d'eau.

RÉALISATION

LA CHAUDIÈRE

1. Découpez dans la canette un rectangle de 6 cm x 18 cm. Cette partie doit de préférence être réalisée par l'adulte, car les bords sont coupants.
2. Marquez le milieu dans la largeur en pliant cette bande en deux. Dépliez, puis découpez 1 cm sur les trois côtés d'une des moitiés.
3. Faites un boudin fin avec de la pâte à fixer et bordez chaque côté extérieur de la partie découpée.
4. Repliez le rectangle. Appuyez doucement et ajoutez encore un autre boudin de chaque côté.
5. Rabattez les bords de la moitié non découpée sur les boudins pour former une pochette. Appuyez bien pour aplatir la pâte à fixer.

❷ ❸ et ❹

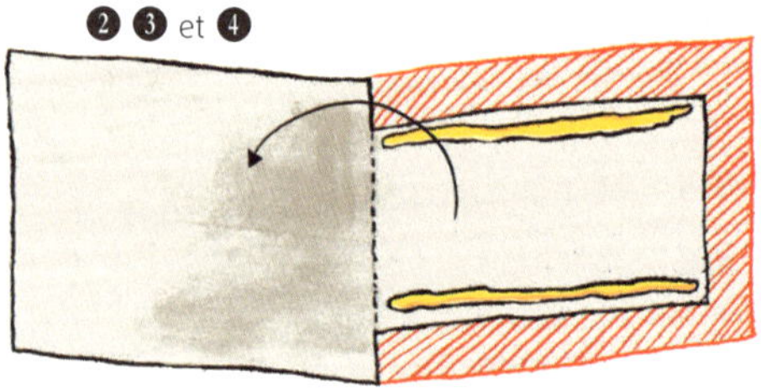

❹ et ❺

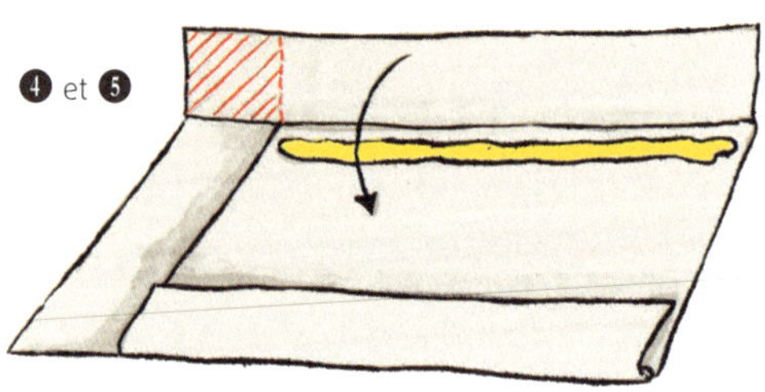

6. Découpez la partie carrée des deux rabats qui dépasse de la partie découpée. Il vous reste une bande de 1 cm qui dépasse sous la moitié repliée.
7. Aplatissez un boudin de pâte à fixer et enveloppez les pailles dedans du côté du coude. Laissez la première paille dépasser un peu et enroulez-la une fois. Ajoutez la seconde et enroulez le tout, bien serré.
8. Ouvrez doucement la pochette et insérez-y les pailles jusqu'au bout de la pâte à fixer. Ajoutez de chaque côté de la pâte à fixer : tout l'espace doit être comblé.
9. Coupez la bande de chaque côté des pailles et rabattez les deux parties obtenues sur la pochette. Appuyez pour bien fixer. Veillez à ce que l'aluminium ne se déchire pas.
10. Il vous faut ensuite tester l'étanchéité de la chaudière : plongez-la dans une bassine d'eau et soufflez doucement dans les pailles. Si des bulles ressortent, elle n'est pas étanche et il vous faudra la refaire.

❾

RÉALISATION

LE BATEAU

1. Couper en deux la brique de jus de fruit dans sa longueur. La partie sans le bouchon sera la coque.

2. Au milieu du fond du bateau, découpez un rectangle pour pouvoir y passer les pailles. Ajoutez un boudin de pâte à fixer autour du trou, dedans et dessous.

3. Dans l'autre partie de la brique (celle avec le bouchon), découpez une cabine. Utilisez une autre brique si vous voulez en faire une plus grande. Vous pouvez même découper des fenêtres pour votre cabine.

4. Peignez chaque partie, laissez sécher, puis agrafez la cabine à l'avant du bateau.

5. Insérez ensuite les pailles de la chaudière dans le trou et fixez-les bien au milieu, avec du ruban adhésif. Coupez les extrémités des pailles qui dépassent du bateau.

6. Assurez-vous que la pâte à fixer (autour du trou par lequel passent les pailles) rend le bateau bien étanche. Pour cela, appuyez des deux côtés afin de former un bon joint.

❷

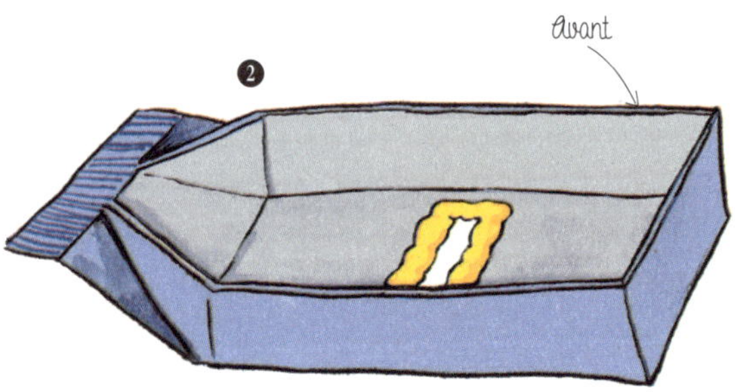

❸

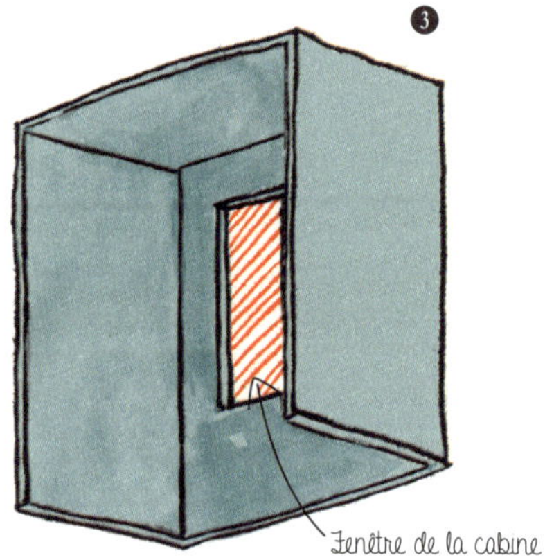

❺

RÉALISATION

MISE À L'EAU

1. Pour finir, avant de mettre votre bateau à l'eau, remplissez la chaudière avec de l'eau : soit en mettant l'une des pailles sous un filet d'eau, soit à l'aide d'une autre paille, que vous entaillerez, puis insérerez dans l'une des deux pailles. Avec de l'eau dans la bouche, soufflez dedans pour amener l'eau dans la chaudière. Quand l'eau ressort par l'autre paille, bouchez les pailles et placez le bateau dans l'eau (ça fonctionne très bien dans une baignoire !).

2. Allumez la bougie chauffe-plat et placez-la sous la chaudière. Patientez 1 ou 2 minutes, le temps que l'eau chauffe. Abracadabra... la magie opère !

RÉSULTAT

Au bout de 2 minutes, le bateau avance tout seul en faisant « tuc-tuc ».

EXPLICATIONS

Dans un premier temps, la bougie chauffe la partie en aluminium qui contient de l'eau. La chaleur produit de la vapeur et la pression monte. Une partie de l'eau tiède, puis chaude, s'échappe par les pailles vers l'arrière, ce qui propulse l'engin. La partie en aluminium fait alors « tuc » vers le haut.

Dans un second temps, entraînée par son mouvement, l'eau dans le tube crée une dépression dans la « chaudière » ; le mouvement de l'eau dans les pailles s'inverse donc. De l'eau froide est aspirée, mais contrairement au jet de poussée, elle est aspirée lentement en provenance de presque toutes les directions. Il n'y donc pas de force importante tirant le bateau vers l'arrière, et la partie aluminium fait « tuc » vers le bas. Ainsi, l'eau fait un va-et-vient permanent dans les pailles.

POUR RÉSUMER

Sous l'effet de la chaleur, l'eau chaude est poussée fortement hors des pailles, ce qui propulse le bateau, et l'eau froide est aspirée doucement.

ACTIVITÉ D'INTÉRIEUR ET D'EXTÉRIEUR

UN VOLCAN

ÂGE CONCERNÉ : **tous**

DURÉE DE L'ACTIVITÉ : **de 15 min à 1 h selon le volcan**

MATÉRIEL

Pour l'éruption volcanique

- Une bouteille de yaourt à boire ou une petite bouteille d'eau vide
- 50 ml d'eau
- 100 ml de vinaigre blanc dans une petite bouteille
- 10 gouttes de colorant alimentaire rouge ou 30 ml de grenadine
- 50 g de bicarbonate de soude
- 30 ml de liquide vaisselle (transparent, c'est mieux !)
- Un entonnoir

Pour le volcan

- Au choix : de l'argile, de la pâte à modeler, de la pâte à sel, ou du sable ; ou bien 1 feuille de papier cartonné marron ; ou bien encore du bois, des brindilles ou des feuilles séchées
- De la peinture verte et marron
- Un feutre noir

C'est si beau et si effrayant à la fois, un volcan... Si le spectacle est magnifique, expliquer le fonctionnement d'un volcan à un enfant n'est pas aisé. Je vous propose ici de passer par la manipulation en fabriquant une maquette de volcan pour faire comprendre à votre enfant le phénomène. Cette activité, simple et ludique, réalisée avec des ingrédients de la cuisine, comporte deux phases : la création du volcan – qui peut aller très vite ou être un exercice très créatif, selon le temps dont vous disposez – et une fausse éruption volcanique.
Laissez votre enfant verser les composantes et jouer à l'apprenti sorcier : l'effet visuel est impressionnant. Sa surprise en sera d'autant plus grande !

RÉALISATION

BUT

Découvrir comment fonctionne une éruption volcanique.

QUESTIONS À POSER POUR FAIRE FORMULER LES HYPOTHÈSES

- Qu'est-ce qu'un volcan ?
- Dedans, c'est chaud ou c'est froid ?
- Qu'est-ce qui sort du volcan ?

LE VOLCAN

Pour la réalisation, voici plusieurs possibilités en fonction du temps et du matériel dont vous disposez. Quelle que soit la méthode choisie, le volcan est toujours fabriqué autour d'un récipient qui va contenir la « lave ».

Avec une grande feuille de papier cartonné

1. Formez un cône avec la feuille de papier. Coupez la base pour que le cône puisse tenir debout.

2. Posez le cône sur la bouteille. Coupez la pointe à la hauteur du goulot de la bouteille.

3. Vous pouvez décorer le cône en le peignant : le vert et le marron sont les couleurs principales d'un volcan. Avec un feutre noir, faites des stries verticales.

Avec de l'argile, de la pâte à modeler, de la pâte à sel ou du sable

1. Autour de la bouteille, modelez un cône.

2. Selon la matière utilisée, attendez que votre création sèche.

Avec du bois, des brindilles, des feuilles

Si vous êtes à l'extérieur, montez des branchages et des feuilles autour de la bouteille. Le résultat doit avoir la forme d'un cône. La bouteille doit être stable à l'intérieur du volcan.

RÉALISATION

L'ÉRUPTION VOLCANIQUE

1. Dans un récipient, mélangez 50 ml d'eau avec le bicarbonate de soude, le liquide vaisselle (transparent, c'est mieux !) et le colorant (ou la grenadine).

2. À l'aide de l'entonnoir, versez ce mélange (qui s'est épaissi) dans la petite bouteille.

3. Placez le volcan sur une surface protégée.

4. Placez la bouteille au centre du volcan.

5. Versez, enfin, le vinaigre dans la bouteille. Attention : la lave va couler !

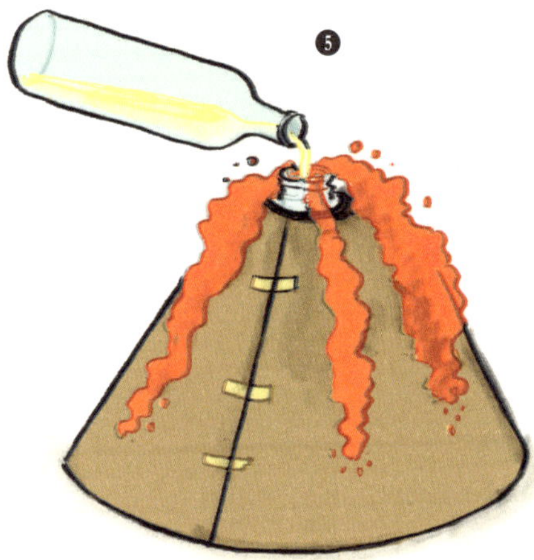

5

2

RÉSULTAT

Au bout de quelques instants, de la mousse rouge se met à monter de la bouteille et à couler le long du volcan.

EXPLICATIONS

Le bicarbonate de soude et le vinaigre blanc produisent une réaction chimique quand ils sont mélangés ensemble. Leur mélange produit des bulles de gaz : c'est du dioxyde de carbone (CO_2). Le gaz s'échappe de la bouteille en entraînant le liquide avec lui.

Dans les volcans, il y a de la roche liquide – elle a fondu à cause de la chaleur – et des gaz. Ce mélange, c'est le magma. Quand il y a trop de magma à l'intérieur du volcan, la pression augmente et il s'évacue vers l'extérieur : c'est l'éruption.

POUR RÉSUMER

Le gaz prend beaucoup de place. Quand il n'en a plus, il s'évacue vers l'extérieur.

CONSEIL

Pour réaliser le volcan, vous pouvez utiliser de la pâte à sel. C'est très simple à faire, voici la recette.

1 verre de sel fin ;1 verre d'eau tiède ; 2 verres de farine

Mélangez le tout, et le tour est joué : il n'y a plus qu'à modeler votre volcan !

ACTIVITÉ D'INTÉRIEUR

FABRIQUER UNE LAMPE À LAVE

ÂGE CONCERNÉ : **à partir de 4 ans**

DURÉE DE L'ACTIVITÉ : **20 min**

MATÉRIEL

- **Une bouteille**
- **Un litre d'huile végétale**
- **De l'eau**
- **Du colorant alimentaire**
- **Une pastille effervescente contre les maux de tête**
- **Une lampe torche**

Dans les années 1970 (oui, je sais, au temps de la préhistoire...), les lampes à lave (ou *lava lamp*) ont connu un grand succès. Elles sont indissociables de la culture pop. Avec quelques ingrédients provenant de votre cuisine, vous allez en fabriquer une.

Si, grâce à cette activité, vous explorez les propriétés du mélange huile et eau, elle est aussi, une nouvelle fois, l'occasion d'impressionner votre enfant en lui montrant que la science peut rimer avec émerveillement et spectacle...

BUT

Découvrir que l'huile et l'eau ne peuvent pas se mélanger.

QUESTIONS À POSER POUR FAIRE FORMULER LES HYPOTHÈSES

- D'après toi, que se passe-t-il quand on mélange de l'eau et de l'huile ?
- Sais-tu que le vinaigre est essentiellement composé d'eau ? Que se passe-t-il quand on mélange de l'huile et du vinaigre (la vinaigrette mise à part !) ?

RÉALISATION

EXPÉRIMENTATION

1. Remplissez la bouteille aux trois quarts d'huile.
2. Complétez avec de l'eau, sans toutefois aller jusqu'au bord.
3. Versez 10 gouttes de colorant alimentaire. Vous pouvez mixer les couleurs de base pour obtenir une jolie couleur.
4. Attendez que tous les ingrédients soient à leur place : l'huile est sur le dessus, l'eau, désormais colorée, est au-dessous de l'huile.
5. Coupez le cachet effervescent en plusieurs morceaux.
6. Jetez un morceau dans la bouteille. Surtout ne fermez pas la bouteille.

REMARQUE IMPORTANTE

Selon l'effet désiré, vous pouvez mettre plusieurs morceaux de cachet en même temps.

RÉSULTAT

Quand vous avez versé l'eau, celle-ci est « tombée » au fond du récipient. Les gouttes de couleur ont traversé l'huile et sont allées se mélanger à l'eau. Les morceaux de cachet effervescent sont tombés au fond de la bouteille, où ils sont entrés en action en faisant des bulles. Ces dernières sont alors remontées à la surface.

EXPLICATIONS

L'huile et l'eau ne se mélangent pas. Même si vous essayez de secouer la bouteille, l'huile se décompose en toutes petites gouttes, mais ne se mélange pas avec l'eau. Ainsi, le colorant alimentaire ne se mélange qu'avec l'eau. Il ne colore pas l'huile.

Lorsque vous versez de l'eau dans la bouteille contenant de l'huile, l'eau coule au fond et l'huile remonte à la surface. C'est la même chose que lorsque le pétrole d'un navire se déverse dans l'océan. L'huile flotte à la surface, parce que l'eau est plus lourde que l'huile. Les scientifiques disent que l'eau est plus dense que l'huile.

Et voici la partie surprenante... Le comprimé effervescent réagit avec l'eau pour faire de minuscules bulles de gaz (dioxyde de carbone). Ces bulles se fixent sur les gouttes d'eau colorée et les amènent à la surface. Lorsque les bulles éclatent, les gouttes de couleur s'enfoncent vers le fond de la bouteille.

L'IDÉE EN PLUS

Pour un effet encore plus spectaculaire, posez votre bouteille au-dessus d'une lampe torche allumée... Alors, elle n'est pas trop belle cette lava lamp *?*

POUR ALLER PLUS LOIN

Pour aller plus loin sur la question de la densité des matières et réaliser un joli tour de magie, vous pouvez aussi faire la petite expérience amusante suivante. En utilisant toujours la même mesure, dans un récipient en verre large, versez très doucement ces différentes matières dans l'ordre suivant : miel, lait, liquide vaisselle, eau (n'hésitez pas à la colorer), huile et alcool ménager (vous pouvez le colorer aussi).

Vous obtenez une tour de matières qui se superposent, en se plaçant les unes au-dessus des autres. Maintenant, jetez doucement les objets suivants les uns après les autres : un petit noyau, une rondelle métallique, une tomate cerise, une perle en plastique, une capsule de soda et une balle de ping-pong.

RÉSULTAT

Les objets ne sont pas tombés au fond : ils se retrouvent à des niveaux différents des couches de matières utilisées. C'est la densité des liquides, d'une part, et celle des matériaux, d'autre part, qui expliquent ce tour de magie. Les liquides et les matières traversent les liquides moins denses qu'eux jusqu'à en atteindre un plus dense, au-dessus duquel ils flottent.

ACTIVITÉ D'INTÉRIEUR ET D'EXTÉRIEUR

UN BALLON-FUSÉE

ÂGE CONCERNÉ : **à partir de 4 ans**

DURÉE DE L'ACTIVITÉ : **15 min**

MATÉRIEL

- Un ballon
- Une paille
- De l'adhésif
- Un clip de fermeture pour sachet
- 3 m de ficelle
- Deux chaises séparées de 3 m

Optionnel

- Différentes formes de ballons (longs, gros ou petits)
- Différentes ficelles

Les fusées fascinent les enfants. Ne vous êtes-vous jamais demandé comment faisait une fusée pour décoller ? Une fusée a besoin d'une grande puissance qui la pousse vers le ciel. C'est le carburant qui permet de réaliser ce mouvement.

Dans cette activité, vous utiliserez le même principe (mais sans le carburant, ouf !) pour propulser un ballon-fusée dans la maison.

BUT

Découvrir ce qui fait qu'une fusée décolle.

QUESTIONS À POSER POUR FAIRE FORMULER LES HYPOTHÈSES

- Pour que cette activité soit source de surprises pour votre enfant, vous pouvez lui poser les questions suivantes tout au long de l'expérimentation.
- Que penses-tu qu'il va se passer quand on va enlever le clip ?
- D'après toi, dans quelle direction le ballon va-t-il aller ?
- Penses-tu qu'il va aller loin, ou pas ?
- Va-t-il aller vite ou lentement ?

EXPÉRIMENTATION

1. Enfilez la paille sur la ficelle.
2. Tendez la ficelle entre deux chaises et attachez-la des deux côtés. Préparez ensuite deux grandes bandes d'adhésives.
3. Gonflez le ballon et fermez-le avec le clip (surtout pas de nœud). Fixez le ballon sur la paille à l'aide de l'adhésif.
4. Enfin, ouvrez le clip.

RÉSULTAT

Le ballon part le long de la ficelle, très vite au début, puis en ralentissant sur la fin.
Le ballon part dans le sens opposé à l'air qui s'échappe.

EXPLICATIONS

Dans cette activité, nous travaillons avec de l'air à la place du carburant de la fusée, mais nous utilisons le même principe, selon lequel la force dirigée dans une direction déplace un objet dans la direction opposée. Si vous lâchez un ballon gonflé, l'air de l'intérieur s'échappe dans toutes les directions. Mais, en le laissant se déplacer le long de la ficelle, l'air du ballon est dirigé dans une seule direction et génère une poussée plus forte qui aide le ballon à aller beaucoup plus loin.
Si vous avez des ballons de tailles et de formes différentes (ou même si vous essayez simplement de remplir le ballon avec plus ou moins d'air), vous pouvez comparer ceux qui vont le plus loin ou ceux qui sont les plus rapides.

L'IDÉE EN PLUS

Vous pouvez également mettre en scène deux ficelles parallèles et faire une course de ballons !

ACTIVITÉ D'INTÉRIEUR ET D'EXTÉRIEUR

UNE BALANCE

ÂGE CONCERNÉ : **à partir de 6 ans**

DURÉE DE L'ACTIVITÉ : **45 min**

MATÉRIEL

- Les gabarits (p. 239)
- Du papier cartonné ou du carton d'emballage
- Une perforatrice
- Un morceau de pique à brochette de 14 cm
- Une pique à brochette de 29 cm
- De la ficelle
- 2 pots (de compote, de glace, etc.)
- 4 perles de 1,5-2 mm de diamètre
- Pour décorer : feutres, peintures, masking tape, stickers, etc.

Qu'est-ce qui est le plus lourd entre un kilo de plumes et un kilo de plomb ? Les enfants se réfèrent souvent au volume de l'objet ou à leur représentation de l'objet pour déterminer s'il est plus lourd qu'un autre. Ce n'est pas simple pour eux de comprendre la notion de masse, de densité de la matière. Alors, pour les aider à comprendre, je vous propose de construire une balance, avec laquelle votre enfant pourra comparer les masses d'objets différents. Prenez des objets gros et légers et d'autres petits et lourds, des objets de même forme, mais de matières différentes pour les surprendre vraiment !

BUT

Comparer des masses.

QUESTIONS À POSER POUR FAIRE FORMULER LES HYPOTHÈSES

Avant de réaliser chaque comparaison avec la balance fabriquée, posez-lui les questions suivantes.

- D'après toi, qu'est-ce qui est le plus lourd ? Pourquoi ?

RÉALISATION

LA BALANCE

1. Reportez les gabarits sur du papier cartonné ou du carton d'emballage.

2. Découpez les contours et les fentes. Réalisez les trous du haut en vous servant de la perforatrice.

3. Vous pouvez décorer les supports et les côtés.

4. Emboîtez les supports en insérant les fentes dans celles des deux côtés de la balance.

5. Coupez l'extrémité pointue des deux piques si nécessaire.

6. Repérez le milieu des piques, placez-les l'une sur l'autre en perpendiculaire et, avec la ficelle, liez-les solidement.

7. Sur la plus petite pique, enfilez deux perles, faites-les glisser au centre, puis passez-les dans les trous du support.

8. Enfilez une perle de chaque côté externe et resserrez avec celles de l'intérieur, tout en veillant à ce que la pique reste mobile. Les perles servent à ce que l'ensemble bouge le moins possible.

9. Pour chaque morceau de ficelle servant à tenir les pots, repérez le milieu et faites un nœud coulant. Décorez les deux pots.

10. Ensuite, pour chaque pot, faites un trou de chaque côté au sommet. Passez-y les extrémités de la ficelle et nouez.

11. Insérez les extrémités de la grande pique dans les nœuds coulants supportant les pots.

12. Faites bouger les ficelles sur la pique pour retrouver l'équilibre.

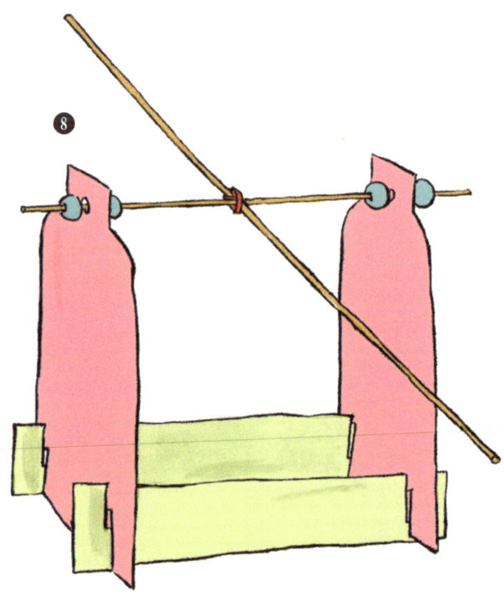

EXPÉRIMENTATION

1. Utilisez différents matériaux pour comparer les masses : ce qui est amusant, c'est de réaliser l'expérience avec des objets de même forme, mais de matières différentes (des pailles avec des piques à brochette, par exemple), ou alors avec un objet petit et lourd et un objet bien plus grand et léger (une bille et une balle de ping-pong), ou encore avec des objets divers : des petits animaux en plastique, des figurines, des bouchons, des trombones, etc.

2. Vous pouvez aussi lui faire prendre une boule de pâte à modeler pour la comparer à un autre objet : faites varier la forme de la pâte (boule, boudin, etc.) et comparez-la toujours au même objet. N'oubliez pas de lui demander avant ce qui, d'après lui, sera le plus lourd.

3. Enfin, proposez-lui aussi de mesurer les poids de différents objets à l'aide de petites boules de pâte à modeler similaires. Faites-lui classer ces objets du plus lourd (5 boules de pâte à modeler) au moins lourd (2 boules).

RÉSULTAT

La balance penchera du côté de l'objet le plus lourd. Pour retrouver l'équilibre, il faudra mettre plus de matière du côté léger.

La boule de pâte à modeler fait toujours le même poids, quelle que soit sa forme.

EXPLICATIONS

Pour les objets de même taille et de même forme, c'est la (ou les) matière(s) dont est constitué l'objet qui fera (feront) la différence. La masse dépend de la matière dont l'objet est constitué.

Pour les objets constitués de la même matière, c'est l'objet le plus volumineux qui sera le plus lourd.

La masse de la boule de pâte à modeler ne varie pas si on change sa forme, car la masse est indépendante de la forme.

ACTIVITÉ D'INTÉRIEUR

FAIRE DES OMBRES CHINOISES

ÂGE CONCERNÉ : **à partir de 4 ans**

DURÉE DE L'ACTIVITÉ : **15 min**

MATÉRIEL

- Une ou plusieurs sources lumineuses (lampe ou lampes de poche, par exemple)
- Des mains

Quand on se balade les soirs d'été, mes filles adorent me marcher sur la tête ! Bien sûr, sur la tête de mon ombre ! Elles adorent la suivre, car celle-ci bouge en fonction des lampadaires que l'on croise. Comment faire des ombres chinoises, voilà qui risque de plaire à votre Peter Pan ou à votre Fée Clochette…

BUT

Comprendre comment les ombres sont créées.

QUESTIONS À POSER POUR FAIRE FORMULER LES HYPOTHÈSES

Comment fait-on une ombre ? Que faut-il pour faire une ombre ? Tes mains peuvent-elles avoir plusieurs ombres ?

a

EXPÉRIMENTATION

1. Sans source lumineuse, réalisez l'une des ombres chinoises illustrées.

2. Ajouter une source lumineuse et refaites l'ombre. Faites-la observer à votre enfant et aidez-le à verbaliser ce qu'il comprend.

3. Approchez et éloignez la source lumineuse, faites-lui dire ce qu'il voit et ce qui, d'après lui, cause ce phénomène.

4. Ajoutez une source lumineuse et bougez-la pour faire se déplacer les ombres.

5. Réalisez ensuite les différentes ombres et incitez votre enfant à raconter une histoire avec les personnages que vous lui présentez (ici, **a** : l'hirondelle ; **b** : le loup ; **c** : la chèvre).

b

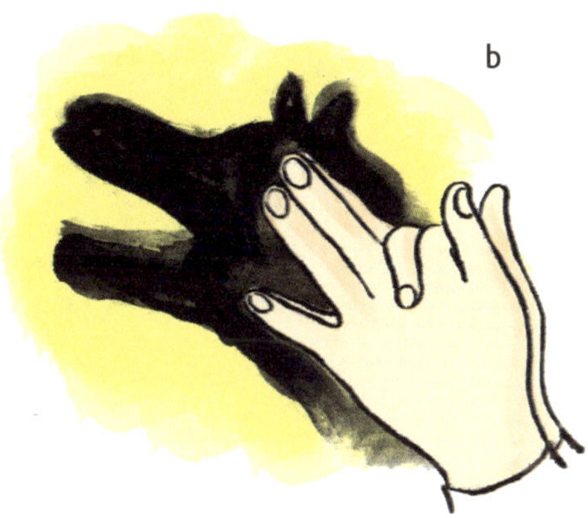

c

RÉSULTAT ET EXPLICATIONS

Sans source lumineuse, il n'y a pas d'ombre.

Quand une source lumineuse éclaire un objet, il se forme une ombre derrière l'objet : l'objet empêchant la lumière de passer, sa silhouette se forme derrière lui.

Quand on approche la source lumineuse, l'ombre grossit et grandit. Quand on s'en éloigne, l'ombre rétrécit et s'allonge.

Quand il y a plusieurs sources lumineuses, l'objet a plusieurs ombres.

POUR RÉSUMER

La taille de l'ombre dépend de la taille de l'objet intercalé et de sa distance relative de la source de lumière.

2

LES CONCEPTS

L'attrape-rêves • Un carnet de souvenirs • Les ballons sensoriels • Fabriquer un diorama • Emploi du temps pyramide • Calendrier perpétuel • Fabriquer du papier à planter • Un kokedama • Un kazoo • Une flûte de Pan • Une boîte à lettres

LES CONCEPTS

Le concept est une structure mentale qui a pour fonction de nous aider à organiser le monde. Conceptualiser est donc un acte créatif qui consiste en la construction de catégories comme réponse à des expériences. Cette construction permet de ranger dans son cerveau des choses similaires (attributs) sous une même étiquette (concept) pour ne pas avoir à les identifier à chaque fois dans le détail. Ces attributs sont les caractéristiques que les exemples, illustrant un concept, ont toujours en commun, malgré les différences qu'ils peuvent avoir par ailleurs.

Quand un enfant a décidé que tous les animaux qui possèdent un pelage sont à ranger sous l'étiquette « chats », il a formé le concept « chat », à son niveau. Un beau jour – par l'interaction avec quelqu'un de plus expérimenté que lui –, il va affiner ses critères, rectifier et faire la différence entre chats et chiens, etc. Faire preuve d'abstraction, c'est donc sélectionner les attributs qui permettent de réaliser une catégorisation, tout en écartant ceux qui n'y rentrent pas.

Lorsque vous interagissez avec votre enfant, il réalise une expérience explicite qui lui permet d'intérioriser les catégories. Ces dernières servent ensuite d'outils qu'il est capable de mobiliser à un autre moment pour comprendre des aspects nouveaux et pour aller au-delà de l'information donnée : c'est l'extrapolation.

Pour aider votre enfant à entrer dans l'abstraction, il faut donner aussi du sens à la connaissance que vous souhaitez lui transmettre. Vous serez le médiateur entre le savoir et votre enfant. Aussi, n'hésitez surtout pas à « l'aider à faire tout seul[1] », en analysant avec lui le but à atteindre (nous allons essayer de comprendre comment le temps fonctionne, si une plante est vivante, comment on entend, etc.) afin qu'il puisse lier ce qui est nouveau à ce qui est déjà connu, toujours en dédramatisant l'erreur. Vous pourrez aussi le faire reformuler et corriger éventuellement ses connaissances acquises erronées (tous les animaux à poils ne sont pas uniquement des chats, pour suivre l'exemple évoqué plus haut). Cet échange verbal va lui permettre d'accéder à un mode de pensée abstraite et de consolider les nouvelles connaissances[2].

On l'a dit pour les activités scientifiques, c'est vrai aussi pour les concepts : les mains des enfants sont au cœur de leur apprentissage, ils aiment toucher. Ils conceptualisent sans cesse pour donner une signification à leurs sensations. L'approche par les loisirs créatifs est une approche sensorielle et motrice qui permet à votre enfant de prendre contact avec la réalité. Afin de l'aider à intégrer les concepts de temps, de vivant, de rêve, du souvenir, des sens, etc., voici des activités présentant des expériences concrètes à partager, et qui seront autant de prétextes pour échanger avec lui. Votre enfant pourra manipuler des idées (raconter ce qu'il a fait ou ce qu'il a compris) sur la base de ce qu'il a vu et de ce qu'il a réalisé. Ainsi, à partir de l'exemple précis de la situation vécue, une extrapolation et une généralisation seront possibles.

De plus, les objets réalisés lui permettront de réactiver le souvenir du moment passé avec vous et de ce que vous lui aurez transmis...

1. Maria Montessori, fondatrice de la pédagogie Montessori.
2. Les idées de cette partie s'inspirent des ouvrages de Britt-Mari Barth, notamment de *L'apprentissage de l'abstraction* (Éditions Retz, 2013) ainsi que de divers entretiens (de 1989 à 2014) autour de cette notion.

LES RÊVES

Le sommeil est indispensable pour notre équilibre. Pour les enfants, c'est le moment où ils revivent la journée passée, cristallisent les connaissances apprises, digèrent leurs émotions et se confrontent aux pulsions vécues ou refoulées. C'est sur ce dernier point qu'interviennent les rêves : ceux-ci permettent à votre enfant de revivre les situations qui l'ont troublé et d'assimiler les émotions ressenties. Par exemple, une pulsion agressive dans la journée, comme avoir eu envie de faire du mal à son parent quand il s'est fait gronder, va se transformer pendant le rêve en méchant loup mordant la main du parent. Car, s'il a eu cette envie de vous taper, votre enfant vous aime plus que tout, et c'est cette ambivalence qui va faire intervenir un « autre » dans son rêve et lui faire vivre malgré tout la pulsion agressive, sans qu'il se sente coupable. Le cauchemar est un rêve où l'angoisse de la situation vécue n'a pas été neutralisée : le scénario du rêve n'a pas réussi à canaliser les émotions. Votre enfant se réveille alors. Le cauchemar a donc son utilité dans le sens où, contrairement au rêve qui se suffit à lui-même, il nécessite votre intervention : votre enfant se rend compte que vous êtes là – sain et sauf – et l'aimant toujours.

ACTIVITÉ D'INTÉRIEUR

L'ATTRAPE-RÊVES

ÂGE CONCERNÉ : **à partir de 6 ans** (avec de l'aide)

DURÉE DE L'ACTIVITÉ : **30 min**

MATÉRIEL

- Un cercle métallique (de 10 ou 20 cm de diamètre)
- Du ruban
- Un écheveau de fil à broder ou une petite bobine de ficelle en coton
- Un bâtonnet en bois
- Des plumes
- Des perles
- Des ciseaux

Selon une croyance populaire, le capteur de rêves, d'origine amérindienne, est censé empêcher les mauvais rêves d'envahir le sommeil de son détenteur. Il s'accroche à la fenêtre. Pendant la nuit, il attire les rêves et agit comme un filtre en conservant les belles images et en brûlant les mauvais songes aux premières lueurs du jour. Les beaux rêves passent par le trou du centre et sont gardés dans les plumes situées autour du cerceau.

Avec cette activité, je vous propose de fabriquer un petit gri-gri à mettre dans la chambre de votre enfant. Bien sûr, il ne remplacera pas le rituel du coucher ni une vie sereine – gage d'une sécurité intérieure suffisante pour lui éviter les cauchemars. Mais il pourra parfois lui être utile et le rassurer…

RÉALISATION

LA PRÉPARATION DU CERCLE

1. Enroulez votre ruban sur le bâtonnet en bois. La taille du ruban dépend de votre cercle et de la largeur du ruban. Prévoyez large (entre 3 et 5 m).
2. Commencez par faire un nœud bien serré avec le ruban sur le cercle métallique. Laissez une extrémité de ruban de 15 cm.
3. Enroulez ensuite le ruban autour du cercle métallique, de façon à recouvrir complètement le métal. Il faut l'enrouler serré pour que l'effet soit joli. Vous pouvez vous aider d'une pince à linge pour maintenir le ruban déjà enroulé (cette étape est la plus longue).
4. Finissez en nouant le ruban avec l'extrémité du nœud du début. Égalisez les deux extrémités à 15 cm avant de couper le ruban, puis renouez-les : cette boucle servira d'accroche.

LE TISSAGE

1. Enroulez 3 m de de fil à broder ou de ficelle sur un bâtonnet en bois.
Nouez votre fil à broder (ou votre ficelle) sur le cercle, puis tendez-le jusqu'à un autre point du cercle : faites une boucle en passant par-dessus le cercle, puis en dessous, et enfin à l'intérieur de la boucle créée. Tendez le fil.

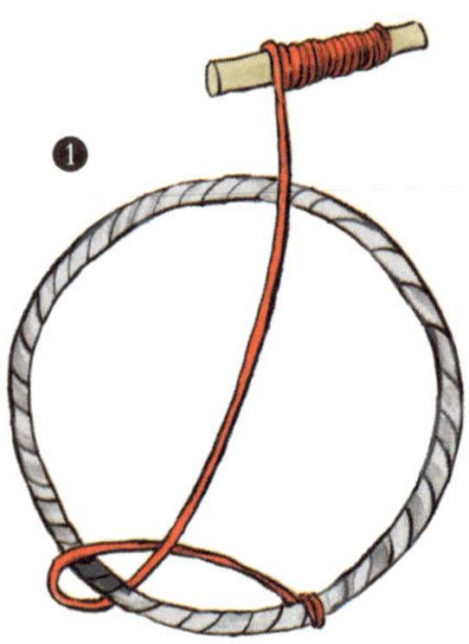

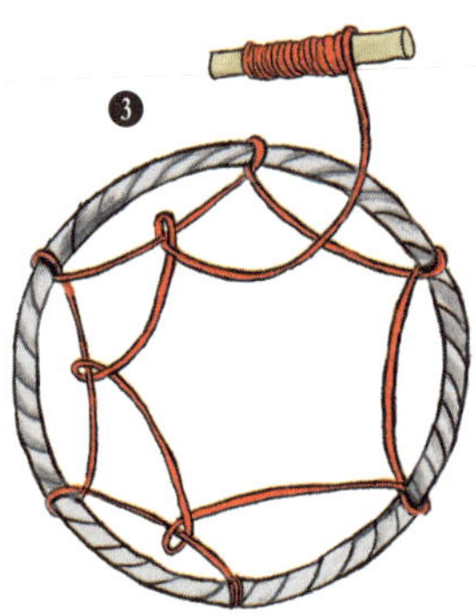

2. En tenant d'une main la boucle précédemment réalisée – le fil doit être bien tendu à chaque nouvelle boucle pour un joli effet –, refaites une boucle à un autre endroit du cercle. Sur les cercles de 20 cm de diamètre, vous pourrez faire de 8 à 10 boucles. Sur un cercle de 10 cm de diamètre, 5 à 6 boucles suffiront. Essayez, dans la mesure du possible, de garder la même distance entre chaque boucle.
3. Quand la dernière boucle sur le cercle est réalisée, procédez de la même façon sur le fil tendu entre les deux premières boucles.
4. Continuez ainsi de suite jusqu'à arriver au centre. Vers la fin, si vous avez besoin de plus de confort, vous pouvez dérouler le fil du bâtonnet.
5. Peu avant la fin, passez une perle dans le fil, puis faites une nouvelle boucle.
6. Retendez une dernière fois le fil avant de faire un double nœud bien serré. Coupez près du nœud.

LES BRELOQUES DE PLUMES

1. Ensuite, assemblez quelques plumes et passez-les dans une perle. Enfoncez la perle légèrement. Entourez l'extrémité du bouquet de plumes avec le ruban ou le fil que vous avez utilisé et nouez-le.
2. Enfilez encore quelques perles.
3. Vous pouvez attacher cette breloque au bord du cercle ou bien laisser pendre un peu de ruban avant de l'attacher. Coupez le ruban ou le fil en fonction de votre choix.
4. Répétez ces étapes deux fois pour confectionner deux autres breloques.
5. Attachez les breloques au bas du cercle tissé : une au milieu et les deux autres sur le milieu de la moitié inférieure du cercle.
6. Votre attrape-rêves est terminé ! Il n'y a plus qu'à l'accrocher à la fenêtre et à faire de doux rêves...

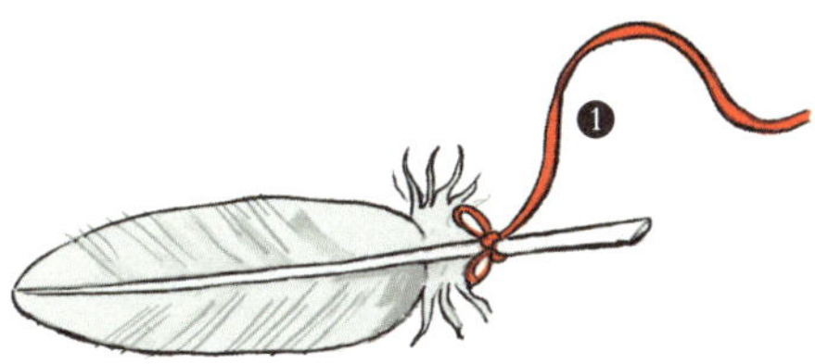

L'IDÉE EN PLUS

Si vous avez des cercles de différentes tailles vous pouvez aussi les lier ensemble en positionnant le plus grand au milieu. Celui-ci sera sans breloque, car les plus petits cercles tissés feront office d'ornements.
Si vous n'avez pas de cercle métallique (vous en trouverez facilement chez un des fournisseurs cités en fin d'ouvrage), vous pouvez aussi utiliser le cercle des tambours à broder en bois (plus onéreux) ou réaliser vous-même un cercle dans du carton (2 cm de large). Dans ce cas, prenez soin de le doubler pour que l'attrape-rêves soit bien solide.
Vous pouvez utiliser de la laine pour l'enrouler autour du disque. Toutes les couleurs sont jolies. Dans ce cas, prévoyez un peu plus de temps : la laine étant moins large que le ruban, le tour sera plus long à réaliser.

SE SOUVENIR DES BELLES CHOSES

Le saviez-vous ? Les souvenirs de la prime enfance s'effacent de la mémoire de nos têtes blondes à partir de l'âge de 7 ans... C'est que l'on appelle « l'amnésie infantile ». Vers les 7 ans, on constate que des souvenirs que l'on pensait bien ancrés dans la tête de nos enfants commencent à s'effacer. À la fin, ils n'en garderont que quelques-uns.

À cet âge, l'organisation des informations dans le cerveau change, elle devient plus complexe, plus cohérente. L'oubli se produit lentement. Les souvenirs « inutiles » pour le développement de l'enfant et pour la construction de son identité et moins bien « rangés » que les nouveaux s'effacent peu à peu de sa mémoire... Pour les chercheurs, les souvenirs qui perdurent sont les plus marquants. À l'âge adulte ne restent en mémoire qu'une poignée d'événements forts, extraordinaires ou incongrus, que nous avons sélectionnés pour nous aider à nous construire.

Vous pouvez aider à l'ancrage des souvenirs de votre enfant en verbalisant les événements vécus. Aussi, pour inciter votre enfant à se souvenir durablement des moments importants, ne les lui racontez pas, mais invitez-le à les relater avec ses propres mots et encouragez-le à en donner des détails.

ACTIVITÉ D'INTÉRIEUR

UN CARNET DE SOUVENIRS

ÂGE CONCERNÉ : **à partir de 7 ans**

DURÉE DE L'ACTIVITÉ : **de 2 à 5 h** (selon les finitions apportées. À faire en plusieurs étapes)

MATÉRIEL

- Les gabarits (p. 240-241)
- 3 paquets de céréales vides (375 g)
- Des feuilles de couleur cartonnées
- Du papier à motifs cartonné
- Des cartes de visite inutiles
- Des feuilles blanches
- Des pages de magazines (jolies pages de publicité ou de BD) ou du papier sulfurisé pour des enveloppes transparentes
- Des ciseaux
- De la colle
- Du masking tape, une pastille ou un morceau de scratch autoadhésif
- 6 attaches parisiennes
- De la ficelle
- Des stylos, des feutres et des crayons de couleur
- Un plioir ou un cure-dent (ou autre objet pointu pour marquer les plis sur du carton)
- Éventuellement : de la peinture, du papier décoré adhésif...

Pour vous aider à ancrer les jolis moments, je vous propose de fabriquer un carnet de souvenirs de vacances. Contenant tout le matériel dont il a besoin, ce carnet pourra accompagner partout votre enfant pendant la période de vacances. Il pourra y écrire, dessiner les belles choses qu'il a vécues, ranger les trésors qu'il aura récoltés et les tickets des endroits qu'il aura visités.

RÉALISATION

LA COUVERTURE

1. Ouvrir les parties collées de la première boîte de céréales.

2. En prenant la boîte ouverte face à vous, coupez les languettes du bas. Puis tracez une ligne sur toute la largeur à 16, 17,5 et 20,5 cm du haut. Découpez la boîte au niveau de la ligne de 20,5 cm.

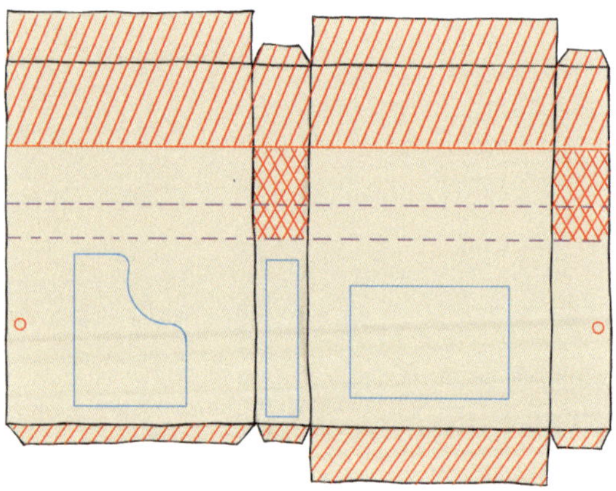

3. Marquez les plis des deux autres lignes et coupez la partie du milieu en hauteur à 16 cm du bord, en suivant les plis originaux de la boîte de céréales.

4. Découpez (dans les chutes de la boîte de céréales) et percez 2 œillets selon le gabarit.

5. Décorez la couverture : peinture, papiers collés ou autoadhésifs, stickers... Laissez libre cours à votre créativité ! Fabriquez, pour finir, une étiquette à coller sur le dessus du carnet.

6. Sur le côté le plus large, faites un trou à 3 cm du bord, puis insérez une attache parisienne d'abord dans un œillet et ensuite dans ce trou. Écartez les pattes pour la fixer.

7. Sur la partie du dessus (quand on ferme cette couverture), percez un trou à 4 cm du bord de la couverture et attachez un œillet, comme décrit ci-dessus. Vous pourrez fermer le carnet avec un bout de ficelle glissé entre les œillets.

LE CASIER À FOURNITURES

1. Reportez le gabarit sur une autre boîte de céréales.

2. Pliez aux endroits indiqués. Pour faciliter le pliage du carton, tracez les plis avec un cure-dent ou un autre objet pointu.

3. Assemblez et collez les languettes.

4. Décorez : vous pouvez vous servir du gabarit pour découper dans du joli papier le dessus et les côtés et ensuite les coller sur la boîte ; vous pouvez choisir de les peindre, ou bien d'utiliser des stickers ou du masking tape.

5. Pour qu'il soit amovible, collez une pastille ou un morceau de scratch autoadhésif au dos du casier. Positionnez ce dernier sur la couverture, faites votre repère et collez l'autre partie du scratch.

6. Dans ce casier, vous pourrez mettre les fiches vierges à remplir, qui seront ensuite déposées dans le coffre des belles choses, des stylos, des feutres, etc.

Post office
PORT PAYÉ
ok
AIR MAIL

LES PLANCHES À MASKING TAPE

Les rouleaux de masking tape prennent beaucoup de place. Pour les emmener partout, voici une méthode facile à réaliser, avec des cartes de visite dont vous n'auriez plus l'usage.

1. Sur une carte de visite, collez, puis enroulez le masking tape comme pour une bobine de fil, en laissant une marge de 1 cm sur un des bords courts de la carte: il ne s'agit pas d'y mettre tout le rouleau, mais d'en avoir suffisamment sous la main, quand vous serez en voyage ou en balade. Réalisez-en plusieurs.

2. Glissez ces cartes à masking tape dans le casier à fournitures.

LE COFFRE DES BELLES CHOSES

1. La boîte : reportez le gabarit sur la troisième boîte de céréales. Percez sur le point, puis coupez, pliez et collez aux endroits indiqués sur le gabarit pour former une boîte.

2. Le rabat : dans la boîte de céréales, découpez un rectangle de 15 x 9,5 cm. Dans la longueur, tracez une ligne à 2 cm, puis à 3,5 cm du bord. Marquez le pli avec le cure-dent, puis pliez.

3. Coupez les deux œillets du gabarit, trouez le centre et passez dans chacun une attache parisienne.

4. Faites un trou sur le rabat à 1,5 cm du bord.

5. Insérez les attaches parisiennes dans leur œillet puis dans les trous du rabat et de la boîte. Écartez les pattes pour fixer.

6. Collez la bande de 2 cm du rabat sur la partie droite de la couverture.

7. Collez ensuite les replis de la boîte juste en dessous du rabat.

8. Fermez la boîte avec de la ficelle autour des œillets.

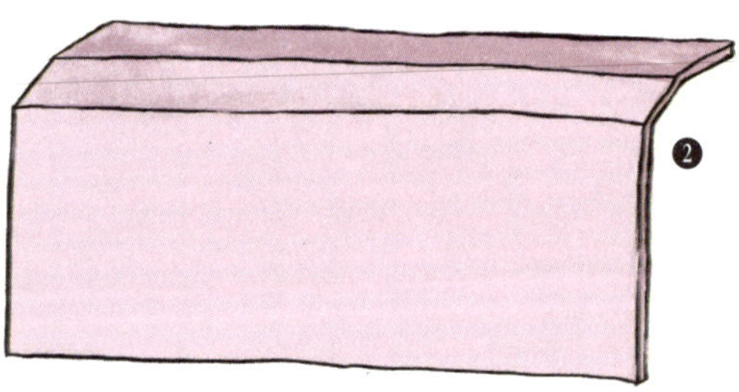
❷

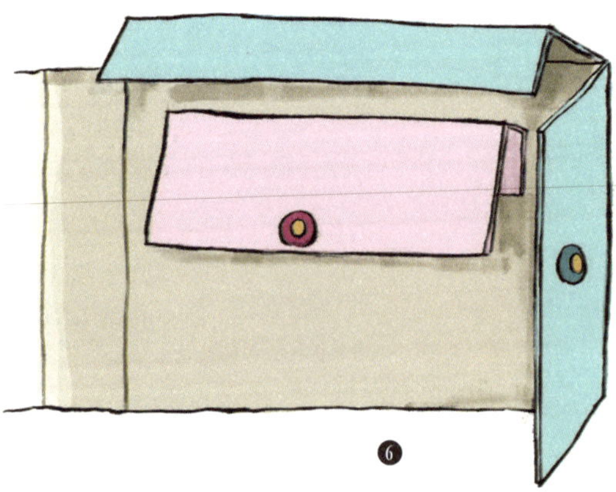
❻

LES POCHETTES À TRÉSORS

1. Reportez le gabarit des enveloppes sur des feuilles de magazines, du papier de couleur et du papier-calque ou sulfurisé pour la transparence.
2. Pliez sur les pointillés et collez le rabat A sur la partie B, puis collez les parties C et D sur l'envers. Réalisez une dizaine d'enveloppes.
3. Réalisez un accordéon avec une bande de papier de 21 x 7 cm : marquez tous les centimètres sur la longueur (la ligne de 21 cm) et pliez.
4. Collez les enveloppes sur chaque pli.
5. Coupez deux œillets selon le gabarit.
6. Découpez dans le reste de la boîte de céréales un rectangle de 12 x 8 cm et un rectangle de 18,5 x 8 cm. Sur ce rectangle, tracez une ligne à 3,5 cm du bord court, puis à 6 cm : marquez les plis et pliez. Sur la partie de 3,5 cm, faites un trou à 1,5 cm du bord, au milieu. Coupez deux œillets, insérez l'attache parisienne d'abord dans l'œillet, puis dans le trou du rabat. Faites un trou à 4,5 cm du bord de l'autre rectangle et insérez une autre attache parisienne dans un œillet, puis dans ce dernier trou.
7. Collez le grand rectangle dessous l'accordéon et le petit dessus.
8. Découpez dans du papier de couleur un rectangle de 7 x 5,5 cm. Tracez une ligne à 1,5 cm, puis une autre à 4 cm d'un des bords longs. Pliez sur ces lignes.
9. Collez ce dernier rectangle sur les précédents de façon à cacher l'accordéon. Fermez cet étui avec de la ficelle autour des œillets.
10. Après avoir décoré l'étui, collez son dos (le papier de couleur qui cache l'accordéon) sur la partie au milieu de la couverture. Quand une pochette est remplie, repliez l'extrémité ouverte et fermez avec du masking tape.

4
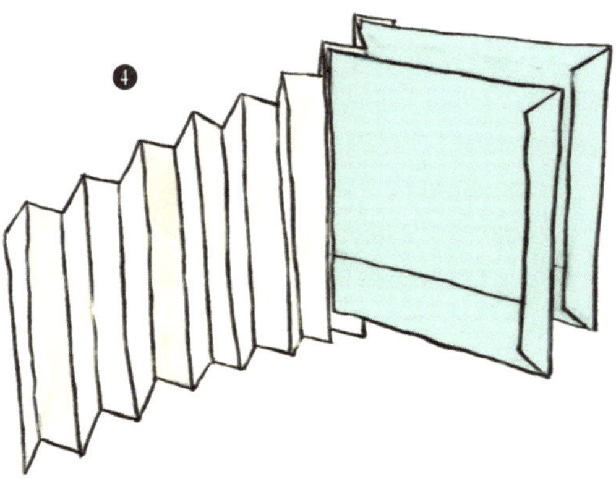

9
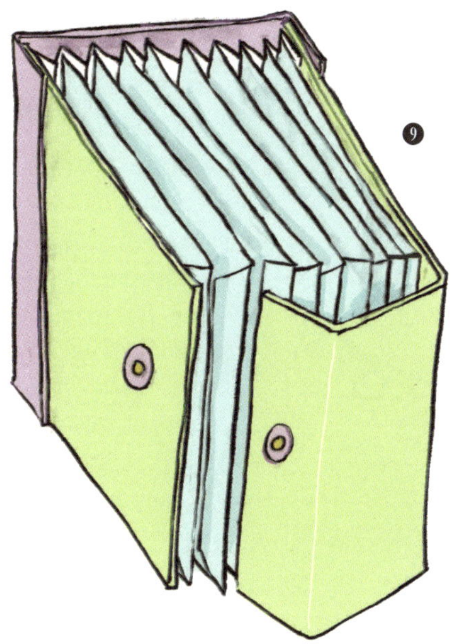

RÉALISATION

LES FICHES DE SOUVENIRS ET LES INTERCALAIRES

Voici une petite liste de jolis souvenirs des vacances : mes lectures, mes visites (gardez les tickets dans une pochette à trésors), mes copains de vacances, je suis allé chez/à, mes plats préférés…

Pour chaque thème, créez un intercalaire et aidez votre enfant à remplir une fiche sur laquelle il pourra décrire le moment ou l'événement en question.

1. Pour les fiches : coupez des feuilles blanches ou de couleur au format A5, que vous glisserez dans le casier à fournitures. Une fois remplie, chaque fiche ira dans son emplacement dans le coffre aux souvenirs.

2. Pour les intercalaires : créez un gabarit à l'aide d'une feuille, en découpant un rectangle de 15 x 12,5 cm. Puis, sur un des bords longs, découpez une fente de 1,5 cm tous les 3 cm. Servez-vous de ce gabarit pour découper les intercalaires dans des feuilles cartonnées de couleur. Pliez à chaque fois les onglets, sauf un, puis découpez selon les contours que vous aurez tracés. Aidez votre enfant à inscrire sur l'onglet le nom du thème.

3. Déposez les intercalaires dans le coffre des belles choses. Voilà, le carnet de vacances est prêt à être rempli de jolis souvenirs !

LES CONSEILS EN PLUS

Je recommande de fabriquer un carnet par vacances. L'expérience aidant, n'hésitez pas à l'améliorer en fonction des besoins de votre enfant.

La réalisation totale étant longue, procédez par étapes : fabriquez le carnet ensemble, élément par élément. C'est une bonne façon de préparer et d'attendre les vacances !

Le format étant pratique, vous pourrez l'emmener facilement partout… C'est une très bonne occupation pour s'offrir un moment calme le soir au restaurant, par exemple.

Pour se souvenir d'où viennent les trésors collectés, fabriquez des tags en papier : découpez des rectangles de 10,5 x 6,5 cm. Vous pouvez découper les coins d'un des bords. Dessus, notez ce que c'est, où le trésor a été ramassé, avec qui, etc. Insérer ce tag dans la pochette du trésor correspondante.

nous
ET
TOUS NOS
MEILLEURS
SOUVENIRS
DE
FAMILLE
CANADA
MAIL

ACTIVITÉ D'INTÉRIEUR

LES BALLONS SENSORIELS

ÂGE CONCERNÉ : **à partir de 4 ans**

DURÉE DE L'ACTIVITÉ : **15 min**

MATÉRIEL

- **Des ballons (au moins 4)**
- **Des éléments que vous trouverez dans vos placards : farine, riz, pâtes, blés, billes, eau, petits jouets, etc.**
- **Des feuilles A4**
- **Un entonnoir**

L'activité physique et les expériences corporelles contribuent au développement moteur, sensoriel, affectif et intellectuel de l'enfant. Cette activité est un peu moins créative que les autres. Cependant, elle va faire explorer les textures et les formes et donc mobiliser et faire prendre conscience aux enfants d'un sens qui est peu sollicité : le toucher. La précision des perceptions sensorielles développe sa capacité future à saisir les subtilités de son environnement.
En plus du développement du toucher, cette activité stimule son aptitude à exprimer ses sensations, à les mettre en mots. Elle permet aussi aux plus jeunes d'enrichir leur vocabulaire.
Par ailleurs, en amenant votre enfant à se faire une représentation mentale de l'objet, vous stimulez son imagination. N'hésitez pas à lui demander de décrire l'apparence et la texture de l'objet, ainsi que le son qu'il produit. Certaines de ses réponses pourraient être très amusantes et vous permettront de mesurer l'étendue de son imagination.
Pour finir, l'apprentissage du corps et par le corps favorise l'épanouissement de l'enfant et sa confiance en lui. Cette activité peut donc être reproduite régulièrement en faisant varier les contenus des ballons.

BUT

Les jeux sensoriels peuvent amener votre enfant à mieux maîtriser son corps, à connaître et à nommer ses sensations et à explorer les formes et les textures des objets de son environnement.

EXPÉRIMENTATION

1. À l'aide de l'entonnoir, remplissez chaque ballon avec une matière différente. Votre enfant peut vous aider sur cette activité de transvasement : les plus jeunes apprécient tout particulièrement cet exercice !
2. Séparez la feuille A4 en 3 ou 4 parties (format paysage) en traçant des lignes. Dessinez des ronds sur la partie supérieure des colonnes ainsi formées et déposez-y un peu de chaque matière insérée dans chaque ballon.
3. Demandez à votre enfant de toucher les ballons, de décrire ses sensations et de donner son avis. Il doit placer le ballon sur la fiche correspondante.

L'IDÉE EN PLUS

Soyez vous-même créatif pour cette activité ! Prenez des éléments de formes similaires, mais de tailles différentes, par exemple. Cela permettra à votre enfant d'explorer les nuances et de verbaliser son ressenti.
Pour les 6-8 ans vous pouvez, afin de corser l'activité, remplissez les ballons sans qu'ils le voient pour réaliser un vrai test à l'aveugle.

METTRE UN MONDE EN BOÎTE

Un diorama est la mise en scène en volume et en perspective d'un concept, d'un lieu, d'un personnage, d'un fait historique, etc. Généralement, cette mise en scène est disposée dans une boîte et elle se présente sous la forme d'une maquette. Je vous propose ici de réaliser une version tout en papier (appelée *tatebanko,* au Japon), mais vous pouvez aussi utiliser des éléments naturels (feuilles, sable, terre...), ainsi que des jouets (figurines, meubles miniatures, etc.) pour plus de réalisme.

Le diorama est intéressant, car, au-delà de la belle activité créative qu'il représente, il permet d'aborder concrètement les notions de synthèse (quels détails sont importants à retenir, à sélectionner pour faire comprendre la scène...) et de perspective, c'est-à-dire de passer de la pensée en deux dimensions à celle en trois dimensions.

ACTIVITÉ D'INTÉRIEUR

FABRIQUER UN DIORAMA

ÂGE CONCERNÉ : **à partir de 4 ans**

DURÉE DE L'ACTIVITÉ : **de 1 h 30 à 2 h**

LES CONCEPTS

MATÉRIEL

- **Une boîte (de type boîte à chaussures)**
- **De la peinture, des feutres, des crayons**
- **Du papier de couleur**
- **Du papier blanc**
- **Des ciseaux**
- **De la colle**

Je ne sais pas pour vous, mais, quand j'étais enfant, j'ai décoré beaucoup de boîtes à chaussures. Je les transformais en univers magiques ou en pièces de maisons de poupées. J'y prenais beaucoup de plaisir et je pouvais y passer des heures. J'ai été parfois frustrée de ne pas savoir comment faire certaines choses. C'est la raison pour laquelle j'ai voulu vous présenter cette activité. Avec les quelques techniques proposées, votre enfant pourra imaginer un monde fabuleux à mettre en boîte...

J'ai choisi la vie des Indiens, mais n'hésitez pas à illustrer votre propre thème : une ville, un conte, le cosmos, un métier, l'habitat d'un animal, etc.

RÉALISATION

LE DIORAMA

1. Soit directement sur la boîte, soit après avoir reporté les mesures sur du papier blanc, réalisez le fond. Amenez votre enfant à imaginer la scène qu'il souhaite produire : est-ce de jour ou de nuit ? Dedans ou dehors ? Cela peut être juste un fond de couleur, ou alors vous pouvez représenter un paysage.

2. Pour le paysage : tracer 3 lignes courbes et dessinez des détails plus grands sur la première ligne et plus petits sur la dernière pour un effet de perspective. Si vous souhaitez illustrer une route et une rivière, celle-ci doit être fine « au fond » et s'agrandir au fur et à mesure que vous descendez au bas de la page.

3. Passez maintenant aux détails et aux accessoires du diorama : réalisez vos dessins en fonction du thème choisi et en tenant compte des dimensions de la boîte. En choisissant votre propre thème, vous développerez la capacité de synthèse de votre enfant : pour représenter la scène, il lui faut choisir les éléments principaux, les plus importants donc, de ce qu'il souhaite raconter. Ces derniers devront être réalisés en différentes tailles. Pensez à laisser une bande vierge au bas de chaque dessin pour les plier et les coller sur la boîte.

4. Une fois tous les éléments de la scène réalisés, vérifier avec votre enfant si tout y est. Manque-t-il quelque chose ? Y a-t-il des choses en trop ? Placez les différents éléments dans la boîte. Avant de coller, faites placer à votre enfant les éléments dans un ordre différent pour qu'il voie et comprenne la notion de perspective. Interrogez-le sur ce qu'il en pense, sur l'impression visuelle qu'il en a. (Est-ce que ça fait vrai ou pas ?)

5. Collez les éléments en pliant la languette et en la collant sur la boîte. Vous pouvez également ajouter des détails sur le bord de la boîte.

6. Pour finir, présentez le diorama au reste de la famille ou à ses amis et faites raconter la scène à votre enfant.

L'IDÉE EN PLUS

Vous préférerez peut-être faire un diorama plus réaliste. Dans ce cas, utilisez des jouets, des figurines ou des découpages dans des magazines, des photos agrandies pour le fond, du sable, des brindilles, des petits graviers colorés, des éléments de décors du monde des maquettistes. Attention, cette activité est hautement addictive : vous allez retomber en enfance !

L'ODYSSÉE D'ASTÉRIX
ASTÉRIX CHEZ LES PICTES
martine embellit son jardin
martine et l'âne Cadichon
martine en bateau
martine et le cadeau d'anniversaire
martine monte à cheval
histoire
La petite poule qui voulait voir la mer
C. Jolibois / C. Heinrich
POCKET JEUNESSE

LE TEMPS

Le temps... Voilà un concept difficile à comprendre pour les enfants. Comme tous les concepts, le temps n'est pas matériel. Il y a le temps présent – celui qui est vécu –, le temps passé qu'il faut se remémorer et le temps futur qu'il faut anticiper. Comprendre le temps demande une maturation psychologique qui prend... du temps. La construction du temps se fait à partir des expériences vécues (les rituels et les routines aident beaucoup à se repérer dans le temps), mais aussi en fonction du stade de développement lié à l'âge de l'enfant.

Dans la mesure où il ne vit que pour lui-même, avant son entrée à l'école, l'enfant ne comprend pas le temps conventionnel : il ne vit que des périodes, courtes et successives. Il vit l'instant, le moment. Les repères dans le temps aident à se situer dans l'environnement social (le temps de l'école, celui du retour à la maison, le temps des devoirs, etc.). Ils aident aussi à prendre conscience de la chronologie des actions, à relier des évènements entre eux et à organiser sa mémoire. Avec l'entrée à l'école, l'enfant va apprendre les rythmes, les différents temps.

L'utilisation régulière des rituels et des instruments de repérage chronologique, comme les calendriers et les emplois du temps, aident l'enfant à acquérir une meilleure appréciation du temps. Progressivement, l'enfant sépare les évènements des moments où ils se sont produits et parvient à ordonner des activités très différentes les unes des autres en fonction du moment où elles ont eu lieu. Apprendre à se servir des repères temporels et des outils qui structurent le temps des hommes va le préparer à appréhender les leçons d'histoire et aussi à découvrir le monde du vivant et de la matière (cycle de vie animale ou végétale...) : grâce à ces outils, l'enfant pourra exprimer, comparer et mesurer des durées. Les deux activités créatives qui suivent s'avéreront très utiles au quotidien de votre enfant, car les outils réalisés l'amèneront progressivement à se repérer dans une journée et dans le temps. À travers leur manipulation, il comprendra le concept du temps et son caractère cyclique. En outre, il aura du plaisir à s'y référer, puisqu'il les aura créés !

ACTIVITÉ D'INTÉRIEUR

EMPLOI DU TEMPS PYRAMIDE

ÂGE CONCERNÉ : **à partir de 6 ans**

DURÉE DE L'ACTIVITÉ : **15 min** (pour faire la pyramide. Mais le relevé des activités de chaque jour peut prendre du temps)

LES CONCEPTS

MATÉRIEL

- **Le gabarit de la pyramide (p. 242)**
- **Le gabarit des triangles et des petits carreaux**
- **Du papier cartonné de couleur**
- **Du papier blanc ou à carreaux**
- **Pour décorer : stickers, feutres, petits motifs, etc.**

L'emploi du temps est un outil de repérage dans le temps pour chaque journée de la semaine. C'est une référence structurante pour l'enfant, car il l'aide à se repérer et à anticiper quelle va être sa journée : quelles seront ses activités, quelles matières il va aborder dans la journée. Il comprendra aussi les notions de rythme et de succession.

L'idéal est de réaliser cet emploi du temps jour après jour avec votre enfant, en lui demandant ce qu'il a fait le matin et l'après-midi. Les réponses de la part d'un enfant de 4 à 7 ans vous surprendront peut-être, car il est assez difficile à cet âge de se repérer dans le temps. Afin de l'aider à se corriger au fur et à mesure, posez-lui des questions précises sur ce que vous savez des activités qu'il a réellement effectuées.

Pour les plus jeunes qui ne savent pas écrire, choisissez des dessins ou des stickers qui représenteront le mieux l'activité en question. Ainsi, une fois réalisé, l'emploi du temps représentera un véritable outil, dont il pourra se servir. La réalisation de cet emploi du temps en relief va aussi lui permettre de mieux s'approprier l'outil et de mieux mémoriser son emploi du temps.

L'EMPLOI DU TEMPS PYRAMIDE

1. Photocopiez et découpez la pyramide du gabarit dans un papier cartonné de couleur.
2. Pliez chaque trait de la pyramide.
3. Collez la languette sur le côté de la pyramide (repère : le triangle sur le triangle)
4. Photocopiez ou recopier cinq fois le gabarit de la partie à carreaux sur du papier blanc ou à carreaux.
5. Découpez ces papiers et écrivez en haut les jours de la semaine d'école.
6. Ensuite, pour chacun, écrivez, collez ou dessinez les activités de la journée.
7. Collez chaque jour sur une face de la pyramide.
8. Finissez de décorer la pyramide.

Posez cet emploi du temps dans un endroit où il pourra être consulté tous les jours : le soir pour se préparer à la journée du lendemain, le matin pour se remémorer ce qui va être fait.

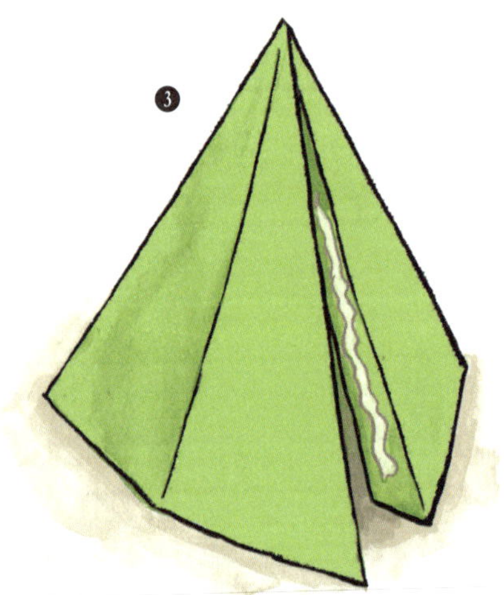

VENDREDI
FRANÇAIS
SCIENCES
PAUSE DEJEUNER
ANGLAIS
LUNDI
MATH
FRANÇAIS
ANGLAIS
DEJEUNER
MUSIQUE
SPORT

ACTIVITÉ D'INTÉRIEUR

CALENDRIER PERPÉTUEL

ÂGE CONCERNÉ : **à partir de 4 ans** (Les 4-6 ans auront besoin d'aide pour le montage, mais ils peuvent utiliser le calendrier pour commencer à se repérer dans le temps.)

DURÉE DE L'ACTIVITÉ : **de 20 à 30 min**

MATÉRIEL

- Les gabarits du calendrier perpétuel (p. 244-245)
- 3 feuilles de papier A4 cartonné blanc ou du carton d'emballage + du papier blanc
- Une feuille A4 cartonnée de couleur
- Une attache parisienne
- Des ciseaux
- De la colle
- Des crayons de couleur

Un calendrier est un système de repérage des dates en fonction du temps. Le calendrier a été inventé par l'homme pour diviser et organiser le temps sur de longues durées.
Je vous propose ici de fabriquer ensemble un calendrier perpétuel. Ce dernier sert à connaître une date, quelle que soit l'année. Il permet aussi d'aborder la notion de cycle : hier, aujourd'hui, demain. À la fin d'une semaine débute une autre ; à la fin d'un mois débute le suivant... On peut aussi de connaître les différents découpages de l'année et se repérer dans les saisons et comprendre qu'une année dure 12 mois.
En utilisant tous les jours le calendrier, votre enfant arrivera à se reconnaître dans le temps, à en comprendre le côté cyclique et successif : un jour après l'autre, et la semaine recommence le lundi...

Septembre
Octobre
Novembre
Décembre
Janvier
Février
Mars
Avril
Mai
Juin
Juillet
Août
Jeudi
Vendredi
Samedi
Dimanche
Lundi
Mardi
Mercredi
1
2
3
4
5
6
7
8
9
10
11
12
13
14
15
16
17
18
20
22
23
24
25
26
28
29
30
31

LE CALENDRIER PERPÉTUEL

1. Photocopiez le gabarit des disques soit sur 3 feuilles de papier cartonné directement, soit sur le papier blanc.
2. Photocopiez et découpez la languette et les étiquettes (jours, chiffres et mois).
3. Découpez un disque différent sur chaque feuille. Si le papier n'est pas cartonné, collez les feuilles sur le carton d'emballage et découpez le long des cercles. Percez le centre de chacun des cercles.
4. Sur le disque le plus petit, collez dans l'ordre les jours de la semaine, un jour par case. Sur le disque moyen, collez les chiffres de 0 à 31. Sur le grand disque, collez les noms des mois.
5. Pliez ensuite la languette du gabarit en deux. Évidez-en la partie centrale et percez au niveau des cercles noirs à chaque extrémité.
6. Superposez les 3 disques, du plus petit au plus grand. Puis positionnez la languette sur le dessus. Passez l'attache parisienne dans les trous, écartez les pattes de l'attache au dos du calendrier pour fixer le tout.
Faites tourner chaque disque pour indiquer la date du jour au centre du rectangle. En ritualisant le changement de date chaque jour et en insistant à chaque fois sur la saison, les enfants plus jeunes apprendront de façon simple les jours, les mois et les saisons. Si la notion de date complète (jour, chiffre et mois) vous paraît trop compliquée, commencez par utiliser seulement la petite roue des jours de la semaine. Le calendrier perpétuel permettra aux plus grands de se situer dans le temps et de se préparer aux activités et aux matières enseignées dans la journée : « Aujourd'hui, c'est lundi ! Et lundi, c'est le jour où tu fais de l'anglais et du sport… »

❸

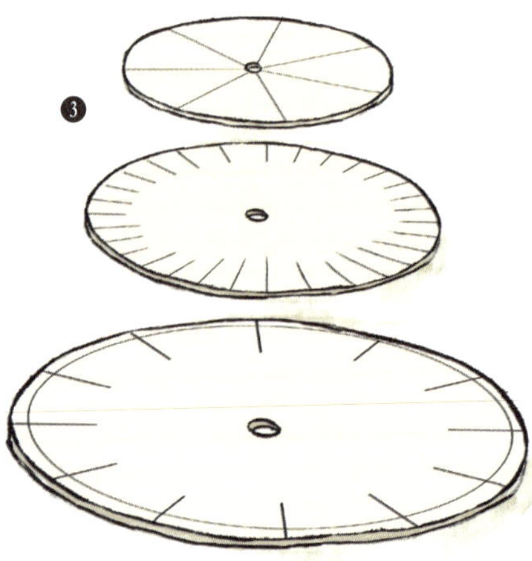

❺

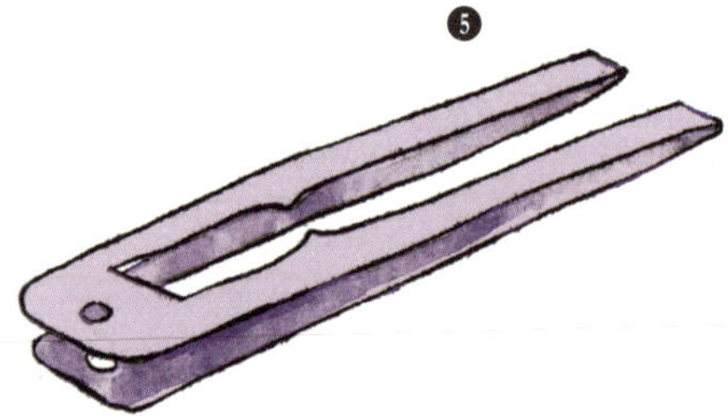

RÉALISATION

6

L'IDÉE EN PLUS

Vous pouvez lui faire colorier :

- chaque partie haute des mois placés sur le grand cercle en fonction des quatre saisons ;

- les jours d'école d'une couleur et les jours de fin de semaine d'une autre couleur pour repérer les différents temps de la semaine : les jours d'école et où les parents travaillent et ceux où la famille est réunie. Dans le même ordre d'idées, le mercredi peut être bicolore pour montrer la coupure du rythme dans la semaine et repérer l'après-midi où il a des activités extrascolaires, par exemple ;

- chaque mois peut aussi être décoré de dessins en relation avec ce qui lui est spécifique : un sapin de Noël pour décembre, des fleurs pour mars, un gâteau d'anniversaire pour le mois de sa naissance... N'hésitez pas à faire fonctionner vos références familiales pour personnaliser les différents temps de l'année.

LE VIVANT

Lorsqu'on demande aux enfants si une plante, c'est vivant ou non, une grande majorité répondra non. Pour eux, un être vivant bouge.

Avec ces activités autour de la plante et de la graine, et grâce aux échanges que vous aurez avec lui, votre enfant sera amené à observer les différentes manifestations de la vie (la graine donne une plante), il sera sensibilisé aux problèmes de l'environnement (la plante a besoin de lumière, d'eau et d'un bon substrat ; recycler réduit les déchets) et ainsi, il apprendra à respecter la vie...

Les deux activités qui suivent sont aussi une merveilleuse occasion pour votre enfant de développer son sens de l'observation, sa patience (faire pousser une graine), son assiduité (un arrosage régulier) et son sens tactile (manipulation de la terre et de la pâte à papier). Vous pouvez aussi l'aider à développer son odorat en le faisant prendre conscience des odeurs de la plante, de la terre, de l'argile.

ACTIVITÉ D'INTÉRIEUR ET D'EXTÉRIEUR

FABRIQUER DU PAPIER À PLANTER

ÂGE CONCERNÉ : **à partir de 4 ans**

DURÉE DE L'ACTIVITÉ : **45 min**

MATÉRIEL

- Des graines de cresson, d'aromatiques ou de vivaces (pour obtenir des fleurs)
- Du papier usagé, blanc de préférence, ou des boîtes à œufs en carton
- Une petite bassine
- Une chute de moustiquaire ou un tamis plat
- Un rouleau à pâtisserie
- Des emporte-pièces pour la cuisine ou la pâte à modeler
- Un mixeur
- Des lavettes

Voici une activité que vous allez adorer ! En réalisant ce papier à planter, vous pourrez montrer à votre enfant que le papier est fabriqué avec les fibres de cellulose des arbres. Pour recycler les déchets et apprendre à faire attention à son environnement, le papier peut être fabriqué à partir de papiers usagés. Fabriquer son papier réduit les déchets et évite la coupe des arbres.

Cette activité va sembler magique à votre enfant : il aura le bonheur de déchirer, de mettre les mains dans l'eau pour créer la pâte et, comme par magie, après quelques manipulations et un peu de patience, un nouveau papier sera créé…

Pour continuer à faire le lien entre la plante, le papier et l'arbre, je vous propose d'apporter un peu de poésie à l'activité en ajoutant des graines dans le papier. Certes, ces graines ne donneront pas d'arbre, mais quel joli clin d'œil de se dire qu'en plus d'être recyclé, le papier servira à faire pousser des fleurs… Car c'est là que la transmission devient intéressante : les graines donnent des plantes ou des fleurs, si elles sont mises en terre et arrosées régulièrement.

Avec de jolis emporte-pièces, vous pourrez créer des formes et, pourquoi pas, les offrir aux grands-parents, au parrain ou à la marraine. Un chouette cadeau fait main avec amour…

RÉALISATION

LE PAPIER À PLANTER

1. Découpez le papier ou la boîte à œufs en petits morceaux.
2. Remplissez la petite bassine d'eau chaude.
3. Déposez les morceaux de papier dans la bassine et laissez poser au moins une nuit.
4. Le lendemain, passez le mixeur dans la bassine pour créer une sorte de pulpe, en prenant soin qu'il y ait suffisamment d'eau pour que le mixeur ne se bloque pas (rincez bien le mixeur ensuite !).
5. Ajoutez ensuite deux à trois bonnes poignées de graines. Surtout n'utilisez plus le mixeur, qui endommagerait les graines. Mélangez bien à la main.
6. Ensuite, disposez la moitié des lavettes sur un plan de travail et recouvrez-les de la chute de moustiquaire ou du tamis plat.
7. Posez vos emporte-pièces sur la moustiquaire.
8. Avec une louche, prélevez la pulpe et remplissez l'emporte-pièce d'au moins 3 mm. Pressez la pulpe avec le pouce pour éliminer le maximum d'eau avant de retirer l'emporte-pièce et de passer au suivant.
9. Continuez ainsi afin d'atteindre le nombre de formes désiré.

6

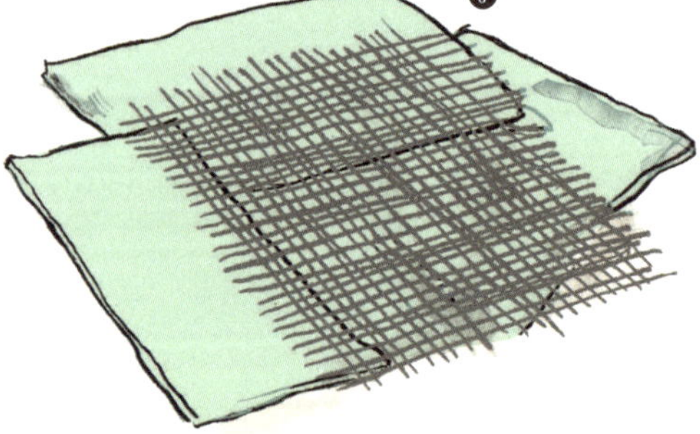

7

8

RÉALISATION

10. Recouvrez les formes de l'autre moitié de lavettes et retournez le tout.
11. Passez le rouleau à pâtisserie sur les lavettes en appuyant bien pour chasser au maximum l'eau.
12. Retirez les lavettes du dessus, puis la moustiquaire.
13. Laissez sécher une ou deux journées. Vous pouvez étendre les lavettes sur un fil si vous le souhaitez (le papier adhère aux lavettes).
14. Pour faire pousser les fleurs ou le cresson, dans un pot rempli aux trois quarts de terreau, déposez le papier à planter, puis recouvrez de terre et arrosez. Arrosez plus ou moins régulièrement selon les graines plantées. Au bout de quelques jours ou de quelques semaines, les graines commenceront à germer !

10

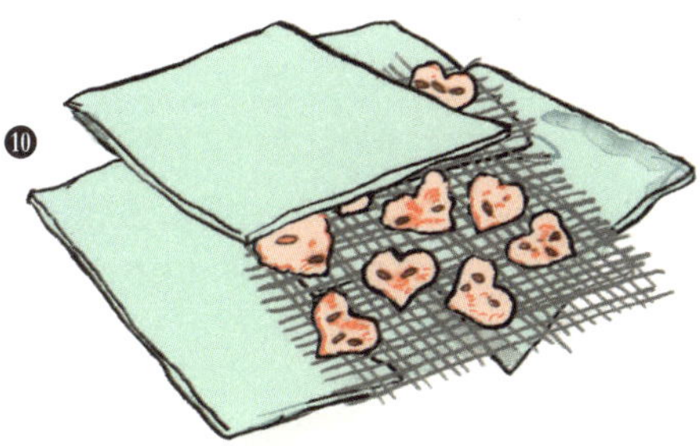

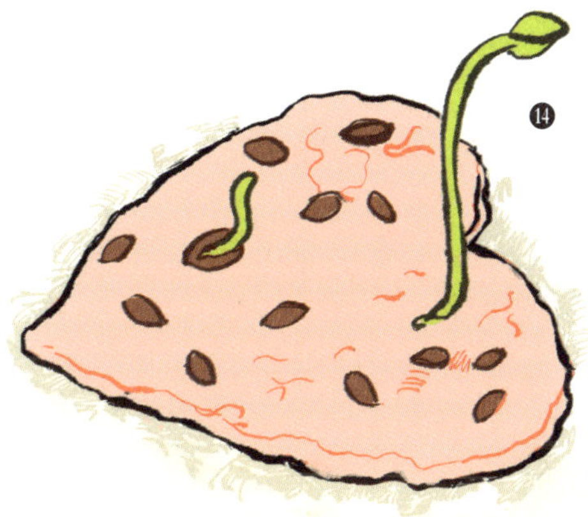

L'IDÉE EN PLUS

Pour fermer la boucle du recyclage, vous pouvez faire vos semis dans une boîte à œufs !

ACTIVITÉ D'INTÉRIEUR ET D'EXTÉRIEUR

UN KOKEDAMA

ÂGE CONCERNÉ : **à partir de 4 ans**

DURÉE DE L'ACTIVITÉ : **45 min**

MATÉRIEL

Pour le substrat

- Un bol d'argile (comme celle utilisée en poterie ; faites-la tremper pendant 2 ou 3 jours pour la ramollir suffisamment)
- Un bol de terreau normal
- Un bol de gravier fin
- Une pincée de sphaigne (en vente dans toutes les jardineries)
- De la mousse (vous pouvez en trouver en forêt, mais la mousse ayant un rôle important sur la stabilité des sols et comme abri de micro-faune, il est préférable d'en demander à votre jardinerie)

La plante

- Pour l'intérieur, plusieurs plantes se prêtent à la réalisation du kokedama : la fougère, la lierre, ainsi que les plantes classiques d'intérieur, comme le ficus bonsaï (sur la photo)...
- Pour l'extérieur, le choix est encore plus grand : fougère, lierre, jasmin, chèvrefeuille, rosiers...
- De la ficelle ou de la laine de couleur
- Un crochet (si vous prévoyez de suspendre le kokedama)

Pour permettre à votre enfant de bien comprendre le rôle de chaque élément de la plante, je vous propose aujourd'hui de fabriquer un kokedama. Le kokedama (« sphère de mousse ») vient du Japon, où il est apparu vers les années 1990. Sa simplicité de réalisation et d'entretien en fait une activité de jardinage très intéressante et ludique. En le composant, vous pourrez montrer à votre enfant les différentes parties de la plante, lui exposer le rôle du substrat dans la pérennité de celle-ci, son développement, ainsi que le rôle de la mousse. À travers cette activité, votre enfant aura l'occasion de toucher différentes textures et matières ayant un rôle dans la survie de la plante.

LE KOKEDAMA

1. Mélangez l'argile, le terreau, le gravier et la sphaigne dans un saladier. Veillez à ce que le mélange ne soit pas trop collant. Si c'est le cas, ajoutez du terreau. La motte ainsi créée, formez-en une boule dans le saladier. Faites un trou au milieu avec les pouces afin d'y insérer la plante. Le mélange qui compose le substrat a pour rôle de nourrir et de conserver l'humidité indispensable au bien-être de la plante.
2. Dépotez la plante. Enlevez le plus gros du terreau d'origine sur ses racines, puis passez celles-ci sous l'eau pour enlever la totalité de la terre. C'est à ce moment-là que vous pourrez expliquer que la plante se nourrit par les racines et qu'elle capte la lumière par ses feuilles.
3. Insérez les racines dans le trou de la boule de substrat, puis reformez la boule autour de la tige. Seules les racines sont mises en terre, car la plante a besoin de respirer. En effet, elle respire par ses feuilles.
4. Recouvrez de mousse la boule reformée : celle-ci doit en être enveloppée entièrement.
5. Enroulez la ficelle ou la laine autour de la mousse de façon irrégulière pour maintenir solidement le tout. Elle servira aussi à suspendre le kokedama.

4

1

3

RÉALISATION

6. Immergez la sphère 30 secondes dans l'eau pour laisser s'échapper les bulles d'air contenues dans la terre, puis laissez égoutter 5 minutes.

7. Placez votre kokedama dans un endroit lumineux et suivez les instructions relatives à la plante que vous avez choisie par rapport à son exposition ou non au soleil.

Si vous souhaitez suspendre votre kokedama, fixez un crochet dans le mur et suspendez votre plante avec le reste de la ficelle réservée.

CONSEIL D'ENTRETIEN

Il va maintenant falloir prendre soin de la plante. Le kokedama requiert peu de soin : immergez la sphère de mousse 30 secondes dans l'eau et laissez égoutter 5 minutes. Raccrochez-le à nouveau. Pour savoir quand le mettre dans l'eau, touchez la mousse : dès que celle-ci vous semble sèche, c'est qu'il faut l'arroser. Pour vous donner une idée : en hiver, il convient d'arroser tous les 8 à 10 jours, en été tous les 3 ou 4 jours.

À RETENIR

Une plante, c'est quelque chose qui pousse et qui a des racines, une tige, des feuilles et éventuellement des fleurs et des fruits. Toutes les plantes n'ont pas de fleurs (fougères, mousses...), et les plantes à fleurs n'ont pas toujours des fleurs et des fruits. Les racines s'étendent sous la terre. La tige est l'endroit où sont accrochées les feuilles et les fleurs. Les fruits contiennent des graines.

Une plante a besoin de lumière, d'eau, d'air et d'un bon substrat pour vivre.

L'OUÏE, UN SENS INVISIBLE

L'ouïe permet de capter les sons du monde extérieur. Elle joue un rôle essentiel dans le développement du langage et de la communication. Dès sa naissance, le bébé entend, mais sa capacité à reconnaître un son et à comprendre ce qu'il entend continue de se développer au fil des ans. Selon les études, le développement de la perception auditive se termine durant l'adolescence. La constitution du réseau de neurones qui permet de faire circuler l'information reçue par les cinq sens s'achève vers 8 ans. Il n'est donc pas anodin de stimuler l'ouïe et de faire prendre conscience de ce sens aux enfants.

Les sons sont créés par une perturbation dans l'air, appelée « vibration ». Pour que vous puissiez entendre la musique ou quelqu'un qui parle à côté de vous, la vibration fait un trajet long et complexe, allant de votre oreille jusqu'au cerveau.

L'ÉCOUTE SÉLECTIVE : CELLE QUI NOUS AGACE !

La plupart du temps, l'enfant choisit, mais de façon inconsciente, de répondre ou non à certains stimuli. Cela se produit notamment lorsque sa concentration est complètement mobilisée par une activité. Par exemple, quand vous appelez votre enfant pour passer à table alors qu'il est en train de jouer. Il ne faut donc pas croire qu'il vous ignore volontairement.

ENTENDRE ET ÉCOUTER : DEUX TERMES QUI SIGNIFIENT BIEN DEUX CHOSES DIFFÉRENTES

Il est usuel de confondre les deux termes. En fait, « entendre », c'est l'aspect sensoriel de l'ouie, alors qu'« écouter » correspond à l'aspect intellectuel.

Les instruments de musique et les objets musicaux étant source d'une grande fascination chez les enfants, je vous propose de créer deux instruments de musique qui vous donneront l'occasion de parler de l'ouïe avec votre enfant et de lui faire prendre conscience de la vibration de l'air produite pour créer un son. La musique est un excellent moyen de développer l'imagination créatrice. Elle va l'encourager à exprimer ses sentiments.

ACTIVITÉ D'INTÉRIEUR ET D'EXTÉRIEUR

UN KAZOO

ÂGE CONCERNÉ : **à partir de 4 ans**

DURÉE DE L'ACTIVITÉ : **10 min**

MATÉRIEL

- Un rouleau en carton (environ 9 cm, si vous utilisez un rouleau d'essuie-tout)
- Un carré de papier sulfurisé
- Du ruban adhésif ou du masking tape

Pour décorer le rouleau :

- De la peinture
- Des feutres
- Du masking tape
- Une paire de ciseaux
- Une pique à brochette pour faire un trou dans le rouleau

Un kazoo est un tube fermé par une membrane. En chantonnant dedans, la voix est modifiée en sons nasillards et enfantins. Fous rires garantis !!

RÉALISATION

LE KAZOO

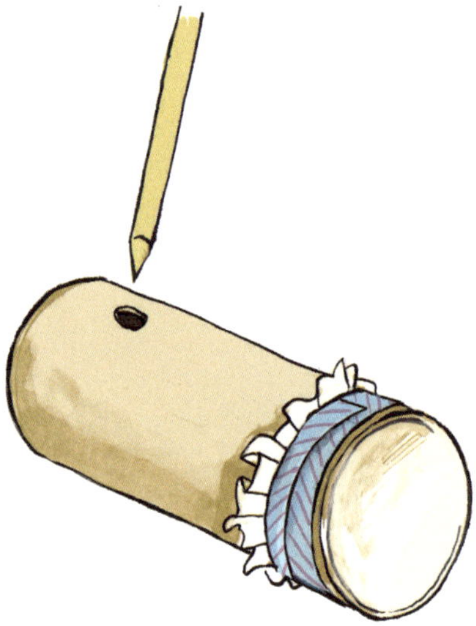

1. Commencez par décorer le rouleau. Pour cela, différentes techniques sont possibles : vous pouvez le peindre, décorer une feuille de papier dont vous entourerez le rouleau et que vous couperez à la bonne dimension ou, plus simple, vous pouvez utiliser du masking tape.
2. Recouvrez une extrémité du rouleau avec le carré de papier sulfurisé. Ce dernier doit être tendu.
3. Maintenez-le avec du masking tape.
4. À l'aide de la pique à brochette, percez un petit trou dans le rouleau, à 2 cm de l'extrémité encore ouverte.
5. Votre kazoo est prêt ! Soufflez dedans en chantonnant des « ttt » , des « ddd » ou des « bbb » : le papier va vibrer et modifier vos voix.

L'IDÉE EN PLUS

Pour favoriser l'écoute de votre enfant, fabriquez un kazoo pour vous aussi et faites un concert à deux. Ensemble, chantonnez chacun votre tour une chanson que votre enfant connaît bien.

ACTIVITÉ D'INTÉRIEUR ET D'EXTÉRIEUR

UNE FLÛTE DE PAN

ÂGE CONCERNÉ : **à partir de 4 ans**

DURÉE DE L'ACTIVITÉ : **10 min**

MATÉRIEL

- **7 morceaux de pailles de 10, 9, 8, 7, 6, 5, 4 cm (de couleurs différentes, c'est plus fun !)**
- **Du masking tape**

Une flûte de Pan est un instrument de musique composé d'un ensemble de tuyaux de différentes tailles, tenus ensemble. Elle vibre avec l'air soufflé dans les tuyaux. Pour les plus petits, c'est une très bonne façon d'apprendre à souffler et à maîtriser le positionnement de leurs lèvres.
Voici une petite activité créative et musicale, différente du kazoo car, cette fois-ci, il faut placer ses lèvres différemment et envoyer l'air droit vers le sol.

RÉALISATION

LA FLÛTE DE PAN

1. Coupez vos pailles aux longueurs indiquées.
2. Alignez les pailles.
3. Assemblez-les à l'aide du masking tape dessus et dessous.
4. Pour faire de la musique, positionnez la flûte sur votre lèvre inférieure et soufflez dedans sans que la lèvre supérieure ne la touche.

CONSEIL

Plus la paille est large, meilleur sera le rendu.
Vous pouvez aussi tailler deux pailles de chaque longueur : positionnez alors les longueurs identiques côte à côte, en allant toujours du plus grand au plus petit. Cela apportera un plus grand confort pour souffler dedans.

L'IDÉE EN PLUS

Pour que votre flûte ait l'air péruvienne, vous pouvez aussi assembler les pailles avec de la laine et tisser tout autour : dessus-dessous, dessous-dessus, etc., en faisant plusieurs allers-retours.
Ajoutez un grand lien afin de la porter autour du cou.

EXPRIMER SES ÉMOTIONS

Une émotion représente le sentiment intérieur d'une personne : par exemple, la joie, la colère ou la peur. Gérer ses émotions est une véritable compétence, qui va jouer directement sur les habiletés sociales de votre enfant, sa compréhension du monde qui l'entoure et sa prise en considération des autres enfants.

En tant que parents, nous sommes souvent démunis devant l'expression intense des émotions de notre enfant. Ma fille cadette a eu des difficultés pour s'exprimer. Comme pour beaucoup d'enfants de moins de 5 ans, son ressenti était bien plus rapide que sa capacité à verbaliser, sa frustration se transformait alors en crise de colère. Nous avons appris ensemble à dépasser ce problème : de mon côté, je m'efforçais de mettre des mots sur ce qu'elle ressentait ; du sien, par une meilleure compréhension de la situation et aussi avec l'aide d'une bonne orthophoniste. Grâce à cela, ma fille a fait de gros progrès sur le plan du langage, et les colères se sont espacées. Une bonne gestion des émotions diminue considérablement le nombre de crises. En laissant votre enfant exprimer ses émotions, vous lui permettez aussi de développer sa confiance en lui.

ACTIVITÉ D'INTÉRIEUR

UNE BOÎTE À LETTRES

ÂGE CONCERNÉ : **à partir de 4 ans**

DURÉE DE L'ACTIVITÉ : **1 h**

MATÉRIEL

- Une boîte de céréales vide de 375 g
- Du papier cadeau
- Une feuille A3 cartonnée de couleur
- Un marqueur noir ou blanc (ou un stylo de craie liquide pour tableau noir)
- Un cutter
- Des ciseaux
- De la colle ou du ruban adhésif
- Une règle
- Le gabarit de l'enveloppe (p. 243)

Pour un enfant, reconnaître, nommer, exprimer de façon adéquate, canaliser et gérer ses émotions, ce n'est pas facile du tout ! Le jeu aide beaucoup… Aussi, je vous propose de construire ensemble une boîte à lettres.

Tous les enfants aiment recevoir du courrier, mais aussi en envoyer. Vous pourrez expliquer à votre enfant son utilité dans l'expression de ses émotions. Cette boîte aux lettres va l'inciter à vous dire comment il se sent et à tenir compte des sentiments des autres. Il pourra écrire ou dessiner des mots d'amour, mais aussi y poster sa colère ou sa tristesse. Ces productions deviendront les médiateurs d'une discussion. En lui demandant de parler de ses émotions, vous lui montrez aussi que vous l'aimez. Si votre enfant est jeune, faites-lui décrire son dessin, questionnez-le sur l'émotion qu'il a souhaité montrer. Il enrichira aussi son vocabulaire en apprenant les mots qui décrivent les émotions.

L'ouverture de la boîte à lettres peut devenir un rendez-vous régulier, où chacun prend le temps d'écouter l'autre…

22 06
19 03
Lilya
Louise

RÉALISATION

LA BOÎTE À LETTRES

1. Refermez la boîte de céréales avec de la colle.
2. Reportez sur la feuille de couleur les dimensions de la boîte à plat.
3. Sur l'une des faces de la boîte, à 3,5 cm du bord haut et à 3 cm de chacun des côtés, tracez un rectangle de 2,5 cm de large et de 1 cm de haut. Découpez ce rectangle. Cela sera la fente pour déposer le courrier.
4. Découpez ensuite, à 3 cm du bas et à 3 cm de chacun des côtés, une ouverture de 10 cm de haut. Cela donne donc un rectangle ouvert sur 3 côtés, dont la hauteur est de 10 cm. Cela sera la porte permettant d'accéder au courrier.
5. Avec le papier cadeau, enveloppez la boîte comme s'il s'agissait d'un cadeau, sans recouvrir la face trouée. Fixez avec de la colle ou du ruban adhésif.
6. Reprenez votre feuille de couleur et continuez le contour de la façade comme sur le dessin. Aidez-vous d'une petite assiette pour dessiner l'arrondi.
7. Répétez les mêmes découpes que vous avez précédemment faites sur la boîte.
8. Maintenant, place à la décoration de la façade ! Pour donner un bel effet, la décoration est monochrome. Si vous avez choisi du papier clair, utilisez un marqueur noir. S'il est foncé, préférez le blanc. Pour finir la décoration, repassez sur tous les contours extérieurs avec le marqueur. Quand la décoration est finie, collez la façade sur la boîte !
9. Vous pouvez réaliser vous-même vos enveloppes (dans du papier, des magazines, des feuilles de dessin, etc.) à l'aide du gabarit proposé p. 243. Découpez les contours et collez ensemble trois des rabats.

Je vous souhaite beaucoup de plaisir à lire vos missives !

REMARQUES

Les mesures et les découpes sont trop compliquées et risquées pour les 4-6 ans. Cependant, l'enveloppage et la décoration sont vraiment à leur portée. Avant de commencer, expliquez à votre enfant, s'il est dans ce cas, quelle sera sa tâche dans cette réalisation.

Les enfants suivent bien mieux l'exemple que les conseils. Aussi, soyez le premier à poster un message quand vous souhaitez lui dire votre amour, mais aussi votre mécontentement ou votre peine ressentis face à une situation.

RÉALISATION

7

LE SAVIEZ-VOUS ?

Les émotions chez les enfants évoluent selon quatre étapes[1]

- **Étape 1** *(entre 1 et 2 ans) : reconnaître les manifestations d'une émotion par la voix et l'observation du visage.*
- **Étape 2** *(vers 3 ans) : déterminer l'émotion et la nommer.*
- **Étape 3** *(vers 4 ans) : reconnaître la situation ayant provoqué l'émotion.*
- **Étape 4** *(à partir de 5 ans) : faire des inférences quant à ce qui cause l'émotion et les conséquences possibles. Nous pouvons alors introduire la gestion de ces émotions*

1. D'après Maud Dubé, éducatrice spécialisée.

3

LES LOISIRS CRÉATIFS

Un pajaki • Compositions autour de formes géométriques • Une cage et son oiseau • Art stick • Fabriquer ses tampons Un pot à cactus • Une porte de fée • Une mini-piñata individuelle

DES ACTIVITÉS CRÉATIVES POUR SE CONCENTRER

Pour cette partie, vous pouvez procéder de deux façons.

La première consiste à suivre le pas à pas telle une recette de cuisine. Dans ce premier cas, vous êtes tous les deux impliqués dans l'activité : vous êtes le transmetteur d'une méthode, d'un geste, et la finalité est la production de l'objet.

Pour la seconde, montrez le matériel en expliquant à votre enfant ce qui est attendu, et laissez-le faire… laissez-le diverger. Laissez-le inventer, quitte à se tromper. Aidez-le à anticiper en le faisant dessiner ce qu'il a imaginé grâce à votre explication, d'une part, et au matériel à sa disposition, d'autre part. Le pas à pas est ainsi un guide à l'intention de l'adulte pour que vous, parent, voyiez les étapes. Vous pouvez lui venir en aide quand il se rend compte que la direction qu'il prend ne fonctionne pas. Dans ce second cas, vous êtes l'accompagnateur, le tuteur : votre enfant va devoir anticiper et conceptualiser, en proposant différentes idées et en dialoguant avec vous sur ses contraintes de but et de matériel. Il pourra n'en retenir qu'une seule, qu'il argumentera, et il trouvera par lui-même la façon de procéder pour y arriver. Pour cela, il devra mobiliser ses connaissances et ses expériences précédentes pour découvrir une nouvelle méthode. La finalité n'est alors plus la production de l'objet, mais bien le développement de sa créativité.

QUELLE QUE SOIT LA MÉTHODE QUE VOUS CHOISIREZ, AMUSEZ-VOUS !

UN PAJAKI

ÂGE CONCERNÉ : **à partir de 6 ans**

DURÉE DE L'ACTIVITÉ : **de 1 h 30 à 2 h**

MATÉRIEL

- Des feuilles de papier cartonné unies
- Du papier de soie ou de crépon, de couleurs différentes
- 14 pailles (papier ou plastique)
- Une perforatrice rond ou fleur de 25 mm au minimum
- Une perforatrice petit cercle de 3 mm (ou une aiguille ou une pince pour trouer le cuir)
- 4 brins de ficelle de 120 cm
- De la ficelle
- 4 perles
- Un anneau métallique (de type porte-clés, sans le mousqueton)
- Des ciseaux
- Une agrafeuse
- 4 pinces à linge

Le pajaki fait partie du folklore polonais. Il est offert comme symbole de santé et de bonheur. Tout en papier et en carton, il permet d'apprendre différentes techniques de pliage et de découpage. Cette activité, que j'aime beaucoup pour sa symbolique et son rendu, permet aussi de réutiliser les pailles plutôt que de les jeter. Voilà une nouvelle occasion de parler de l'environnement à votre enfant. Confectionner ce joli objet lui demandera de la concentration, de la patience et fera travailler sa dextérité… Une fois le pajaki réalisé, vous serez fier de l'accrocher !

RÉALISATION

RÉALISATION

Dans ce projet, il y a différentes fabrications qui sont assemblées : le mobile, le pompon de papier, le pompon à franges et les fleurs ou les cercles en papier de soie. Le papier de soie se présente sous la forme de feuilles superposées. Gardez-les superposées et déroulez-les sur une surface plane.

LES POMPONS DE PAPIER

1. Superposez 4 rectangles de 10 x 15 cm de papier de soie d'une même couleur.
2. Pliez les rectangles en accordéon, avec des intervales de 1 cm.
3. Repérez le milieu en pliant l'accordéon en deux et nouez-y une ficelle très serrée. Laissez pendre les deux brins.
4. Vous pouvez découper aux ciseaux les deux bords en arrondi ou en pointe.
5. À chaque extrémité, dépliez l'accordéon et séparez les couches de papier de soie une à une. À la fin, vous obtiendrez la forme d'une boule.
6. Confectionnez ainsi 4 pompons de soie et mettez-les de côté.

RÉALISATION

LE POMPON À FRANGES

1. Dans 5 feuilles superposées, coupez un rectangle de 25 x 13 cm.
2. Pliez ce rectangle sur la longueur.
3. Découpez aux ciseaux des franges de 1 cm en laissant une marge de 2 cm au niveau de la pliure.
4. Dépliez le rectangle et placez le pli face à vous.
5. Roulez les feuilles d'un bord à l'autre en serrant. Pliez à nouveau en deux et tordez la pliure pour former une boucle.
6. Fixez la boucle à l'aide d'un ruban adhésif. Réservez.

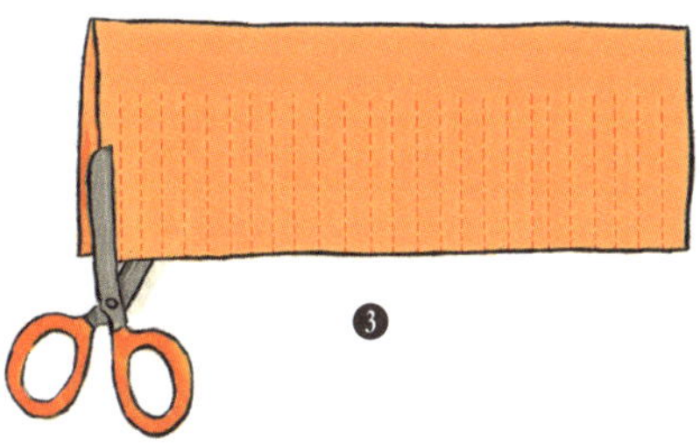

3

5

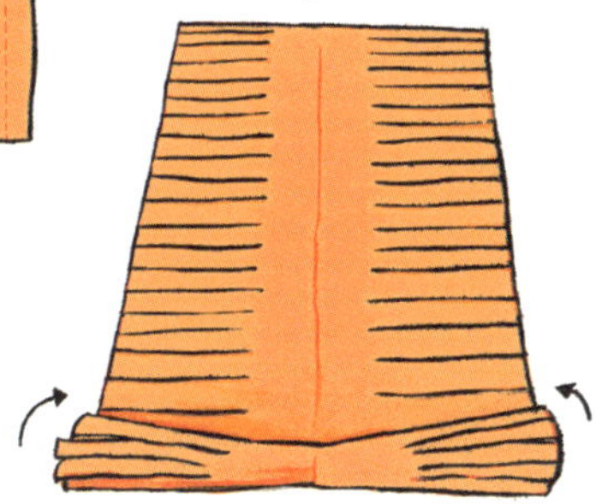

6

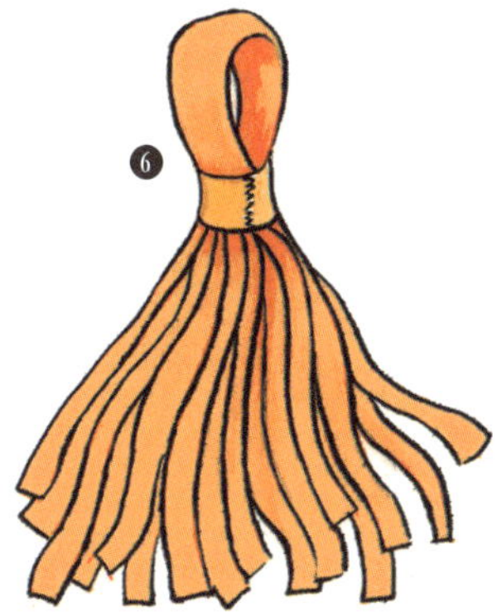

LES FLEURS OU LES CERCLES EN PAPIER DE SOIE

1. Coupez, dans une épaisseur de 8 feuilles de papier de soie, des fleurs ou des cercles d'un diamètre de 6 cm.
2. Répétez cette opération quatre fois. Percez le centre à l'aide de la mini-perforatrice ou à l'aide d'un poinçon. Réservez.

RÉALISATION

LE MOBILE

Avant de commencer, préparez le matériel dont vous aurez besoin pour qu'il soit à portée de main au moment du montage.

1. Découpez 65 ronds ou fleurs dans du papier cartonné de deux couleurs différentes. Faites un trou au milieu de chaque fleur (avec un poinçon, une aiguille ou une mini-perforatrice). Découpez 140 tronçons de 2 cm de paille (cette opération peut se faire au fur et à mesure).

2. Coupez deux bandes de papier cartonné de 29,7 x 3 cm. Joignez ces deux bandes pour former un cercle en agrafant les extrémités entre elles.

3. Placez les 4 ficelles de 120 cm à la même hauteur et pliez-les en deux. Passez la pliure dans l'anneau, puis faites passer les extrémités des fils dans la boucle formée par la pliure afin d'attacher les fils sur l'anneau. Vous avez à présent 8 brins.

4. Faites 4 groupes de 2 brins de ficelle. Pour que ce soit plus facile, passez ces 2 brins dans le chas d'une aiguille à canevas et enfilez une fleur, puis un tronçon de paille 12 fois de suite sur chaque groupe. Quand la série de 12 est achevée, bloquez ce qui est enfilé en fixant une pince à linge sur le fil. Vous avez à présent les 4 branches supérieures du pajaki. Vous pouvez alterner les couleurs ou faire un brin par couleur.

5. Agrafez 4 groupes de 2 fils sur le cercle cartonné à 3, 6, 9 et 12 h, juste en dessous de ces 4 brins que vous venez de terminer.

6. Sur chacun des 8 brins, alternez 3 fleurs avec 4 tronçons de paille. Commencez en bas du cercle. Bloquez à chaque fois avec une pince à linge.

7. Joignez maintenant chaque brin avec le brin du groupe d'à côté. Enfilez une fleur et un groupe de fleurs ou de cercles en papier de soie, puis à nouveau une fleur. Répétez l'opération pour chaque brin.

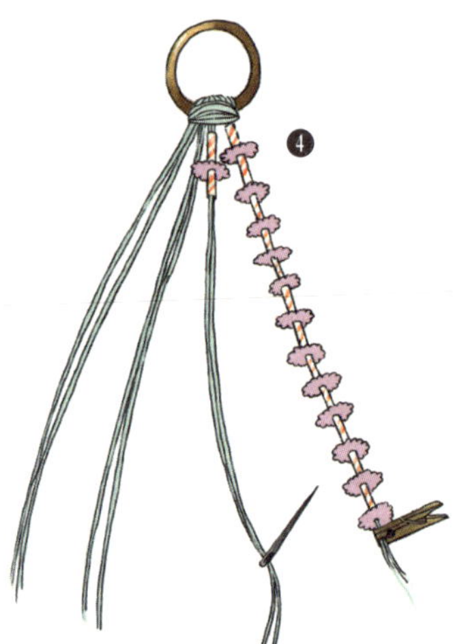

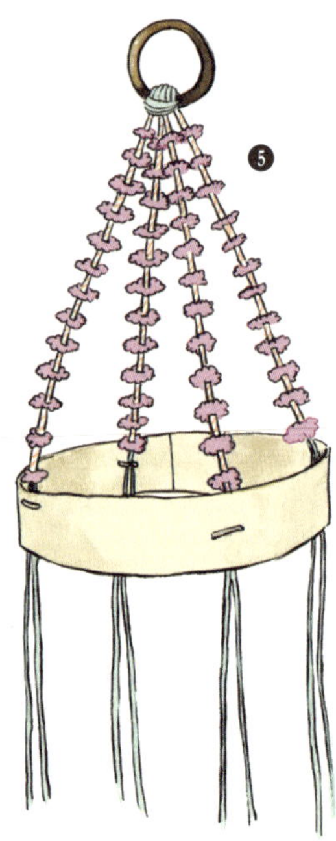

RÉALISATION

8. Puis sur chaque fil, alternez 6 fleurs et 6 tronçons en commençant par la paille.

9. Pour chaque groupe de 2 fils, finissez un brin par une perle en réalisant un nœud solide pour bloquer le tout. Coupez la ficelle au plus près (vous pouvez ajouter une pointe de colle pour en augmenter la solidité).

9

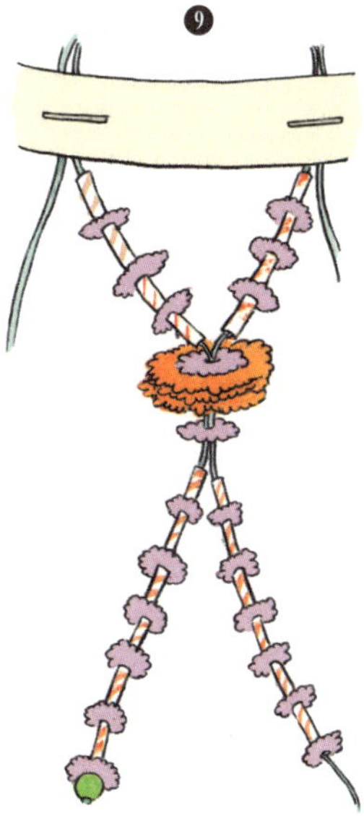

10

10. Joignez les 4 derniers brins en faisant passer les ficelles dans la boucle du pompon à franges. Nouez serré et coupez la ficelle.

11. Faites tourner les feuilles de chaque fleur en papier de soie pour créer un joli effet.

12. Pour finir, nouez les ficelles des pompons de soie autour du cercle blanc au niveau des fils agrafés : les pompons, en plus de décorer, vont cacher les agrafes.

Voilà, votre pajaki est réalisé ! Vous pouvez le suspendre sur un crochet ou autour d'une ampoule en ayant pris soin que l'ampoule soit à économie d'énergie : le pajaki est fait de papier… N'allez pas tout brûler !

L'IDÉE EN PLUS

Faire des ronds ou des fleurs à la perforatrice peut être long. Pour vous faciliter la tâche, vous pouvez utiliser aussi des fleurs en mousse EVA, qui sont, de plus, déjà perforées au centre.

Reprenez les techniques des pompons ronds et à franges avec des feuilles de papier de soie entières pour réaliser une très jolie décoration de chambre ou de fête…

ACTIVITÉ D'INTÉRIEUR

COMPOSITIONS AUTOUR DE FORMES GÉOMÉTRIQUES

ÂGE CONCERNÉ : **de 4 à 8 ans**

DURÉE DE L'ACTIVITÉ : **30 min**

MATÉRIEL

- **Les gabarits (p. 246)**
- **Des feuilles de papier cartonné de couleurs différentes**
- **Des ciseaux**

Je vous entends : « Oh, de la géométrie... la barbe ! » Eh bien non ! La géométrie peut être très amusante. Ici, les formes géométriques sont à envisager comme éléments d'un puzzle à inventer ou comme supports pour créer un monde imaginaire. En jouant avec les formes géométriques et, en les manipulant, votre enfant sera familiarisé avec la géométrie. Il pourra tourner ces formes dans tous les sens et, progressivement, il réussira à se représenter mentalement les formes manipulées. Il gardera en mémoire les différentes positions que ces formes peuvent prendre, leurs caractéristiques et leurs possibilités. Plus tard, il n'aura pas d'appréhension en abordant une géométrie plus complexe. En lui proposant des formes de différentes couleurs, vous serez surpris par la créativité que votre enfant pourra déployer.

RÉALISATION

RÉALISATION

1. Reportez les gabarits sur du papier cartonné de couleur.
2. Découpez les formes.
3. Réalisez vos compositions sur une feuille. Vous pourrez ainsi la tourner pour observer les différents points de vue de la composition.

LE NOMBRE DE FORMES

• **12 losanges :** 9 d'une même couleur et 3 de couleurs différentes. Vous pouvez aussi démarrer avec 6 losanges : 3 losanges d'une même couleur et 3 autres de couleurs différentes.
• **9 triangles :** 6 d'une même couleur et 3 de couleurs différentes.
• **Une dizaine** de losanges évidés dans 3 couleurs différentes.
• **36 ronds :** 4 ronds de chaque taille dans 3 couleurs différentes.

CONSEILS

Cette étape de découpe est longue. Aussi, ne faites pas toutes les formes le même jour. Vous pouvez revenir régulièrement à cette activité. À chaque reprise, ajoutez une nouvelle forme aux précédentes.

LES LOSANGES ET LES TRIANGLES

À partir de 4-6 ans : les losanges sont, en fait, deux triangles réunis. Ceux-ci ont la particularité d'être isocèles, c'est-à-dire que leurs côtés ont la même longueur. Grâce à cette caractéristique, avec 3 losanges, vous pouvez créer un hexagone (6 côtés). En vous servant du gabarit de l'hexagone, demandez à votre enfant de placer 3 losanges de différentes couleurs sur l'hexagone. Rien ne doit dépasser. En jouant avec les couleurs, vous pouvez voir aussi que la figure ressemble à un cube en relief. En réalisant plusieurs cubes ou hexagones – toujours en jouant sur les couleurs – vous pouvez aussi créer un escalier.

À partir de 8 ans : vous pouvez réaliser ce même puzzle, mais avec 6 triangles. Deux triangles de la même couleur composeront un losange. Avec 9 triangles, vous pouvez former un grand triangle.
En positionnant différemment les losanges ou les triangles, vous pouvez aussi créer d'autres motifs comme des fleurs. Laissez-le jouer avec et imaginer d'autres assemblages possibles.

RÉALISATION

LE LOSANGE ÉVIDÉ

En évidant le petit losange gris, comme sur le gabarit (il vous faudra des pièces de 3 couleurs différentes pour un meilleur rendu), vous pourrez ensuite créer un motif qui semblera en relief, à la manière du cube précédent. Changez la position des couleurs pour voir laquelle donne le plus le sentiment d'avoir un dessin en relief. Les assemblages étant multiples, amusez-vous à créer des pavages différents.

LES RONDS

Avec ces formes, faites des superpositions de tailles et de couleurs variées, en créant différentes combinaisons : à 2 cercles ou à 3 cercles. Vous pouvez aussi proposer une feuille de dessin à votre enfant, avec différents ronds dessus (superposés ou non). Demandez-lui de dessiner ce à quoi cela le fait penser. Surprises garanties !

L'IDÉE EN PLUS

La découpe prend du temps et peut vous décourager avant même d'avoir commencé... Ce jeu est pourtant très astucieux et pourra vous « sauver la vie » plus d'une fois. En effet, ces formes se rangent dans une petite boîte en métal, que vous garderez dans votre sac à main. Ainsi, vous la ressortirez pendant les moments d'attente (chez le docteur, au restaurant...). Cela ne prend pas de place et se révèle très efficace pour faire passer le temps calmement.

Vous pouvez aussi découper un jeu supplémentaire pour vous-même et réaliser un modèle de figure que votre enfant devra réaliser avec les mêmes couleurs. Une fois que vous serez plus à l'aise avec ce jeu, lancez-vous des défis : composer le plus de figures différentes ; retrouver au plus vite les configurations de l'hexagone, de l'escalier et du grand triangle. Au fil du temps, votre enfant progressera et finira par vous surpasser. Quelle fierté pour lui... et pour vous aussi !

ACTIVITÉ D'INTÉRIEUR

UNE CAGE ET SON OISEAU

ÂGE CONCERNÉ : **à partir de 4 ans**

DURÉE DE L'ACTIVITÉ : **45 min**

MATÉRIEL

- Le gabarit de l'oiseau (p. 247)
- Une feuille de papier cartonné à motifs de 30 x 30 cm
- Du papier cartonné uni (une feuille A5 suffit)
- Des plumes
- Des petits strass
- Des ciseaux
- De la colle
- De la ficelle
- Une attache parisienne
- Des feutres

Voici une activité créative pour un moment calme et poétique. Cette petite cage est sans fond pour permettre à l'oiseau d'aller se balader. À accrocher partout dans la maison...

RÉALISATION

LA CAGE

1. Coupez dans le papier à motifs 2 bandes de 5 cm de large et de 30 cm de hauteur et coupez 5 bandes de 1 cm de large et de 30 cm de hauteur.
2. Faites un trou à 1 cm du bord sur une extrémité de chacune des 6 bandes.
3. Collez les 2 bandes larges bout à bout en les faisant se chevaucher sur 2 cm. La longue bande qui en résulte sera le socle de la cage.
4. Répartissez harmonieusement les 5 autres bandes sur celle-ci, de façon à ce qu'elles soient perpendiculaires, et collez-les en positionnant l'extrémité de chacune sur le bas de la large bande.

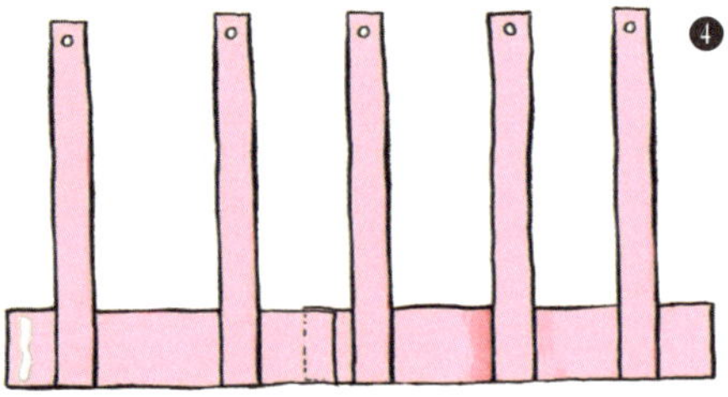

L'OISEAU

1. Pendant que la colle sèche, recopiez deux fois le gabarit de l'oiseau sur du papier cartonné uni et découpez-le.
2. Décorez les faces opposées de chaque oiseau avec vos feutres et des strass pour en faire de véritables oiseaux de paradis...
3. Sur la queue d'un oiseau, sur la face non décorée, collez des plumes. Vous pouvez en coller de petites aussi sur le dessus de la tête.
4. Coupez 10 cm de ficelle, pliez-la en deux et faites un nœud. Elle va servir à accrocher l'oiseau.
5. Collez ce bout de ficelle sur le haut du dos de l'oiseau (toujours sur la face non décorée), le nœud vers le haut.
6. Collez les deux faces non décorées entre elles de façon à prendre les plumes et la ficelle en sandwich.

LA FINITION

1. En attendant que l'oiseau sèche, refermez la base de la cage en joignant les 2 grandes bandes et en en collant les 2 extrémités. Ces dernières doivent se chevaucher sur 1 ou 2 cm.

2. Passez l'attache parisienne par le trou d'une des bandes ; la tête de l'attache doit se trouver du côté à motif. Enfilez ensuite toutes les autres bandes les unes à la suite des autres.

3. Finissez en enfilant la ficelle de l'oiseau.

4. Écartez les pattes de l'attache parisienne.

5. Coupez un morceau de ficelle de 40 cm et nouez-la sur la tête de l'attache pour suspendre la cage.

❶

❷

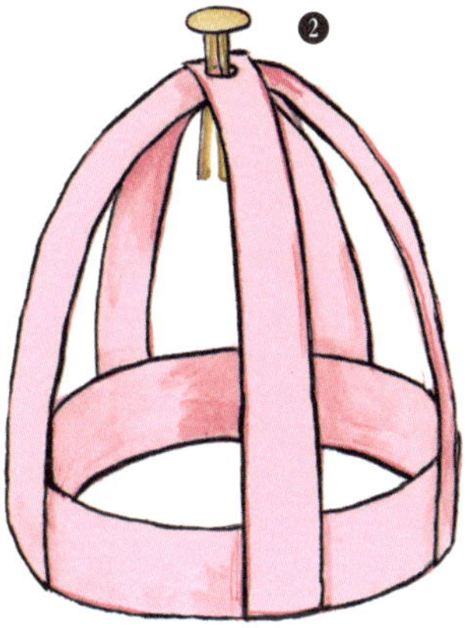

L'IDÉE EN PLUS

Vous pouvez utiliser du papier à motifs (il se vend aussi en bloc, c'est très économique) ou sinon du papier uni, que votre enfant pourra décorer lui-même.

ACTIVITÉ D'INTÉRIEUR ET D'EXTÉRIEUR

ART STICK

ÂGE CONCERNÉ : **à partir de 4 ans**

DURÉE DE L'ACTIVITÉ : **de 45 min à 1 h**

MATÉRIEL

- Des bâtons de bois, des branches ou du bois flotté (secs !)
- De la peinture acrylique (mate, brillante, nacrée... tout fonctionne !)
- De la laine
- Des ficelles
- Des rubans
- Du masking tape
- Des pinceaux, gros et petits
- Des marqueurs, des feutres de couleur
- Des Coton-Tiges pour faire des points
- Un sécateur
- Des ciseaux

En vacances, en balade, les enfants ramassent souvent des « bouts » de nature. Mes filles ramènent toujours de tout à la maison : pommes de pin, plumes, feuilles, brindilles, bouts de bois... Il y en a toujours un tas à chaque retour de promenade. Tous ces trésors, patiemment collectés par nos petits explorateurs en herbe, peuvent être l'objet de jolis ornements. Le bois flotté se trouve le long des plages, surtout au lendemain d'un jour de mauvais temps. C'est une bonne occasion de se réjouir qu'il ait plu, car voici une activité qui vous offrira un moment calme pour votre plus grand plaisir, à vous et à votre enfant !

RÉALISATION

BÂTONS PEINTS

Avant de commencer, supprimez, à l'aide du sécateur, toutes les brindilles des bâtons.

1. Pour commencer, peignez les bâtons en blanc.

2. Avec différentes couleurs, réalisez ensuite des bandes tout le long du bâton, ou des petits points à l'aide d'un Coton-Tige.

Variante : peignez directement sur le bâton (la couleur plus foncée sera due à la couleur naturelle du bois).

BÂTONS TISSÉS (LAINE OU FICELLE)

1. Attachez la laine ou la ficelle au bâton par un nœud serré, puis enroulez-la tout autour.

2. À chaque changement de couleur, changez de laine en nouant le morceau précédent avec le suivant et continuez d'enrouler.

3. Alternez les couleurs et variez la taille des tronçons. Par exemple, enroulez sur 2 cm, puis sur 6 cm, puis sur 4 cm, etc. Cela donne le plus bel effet.

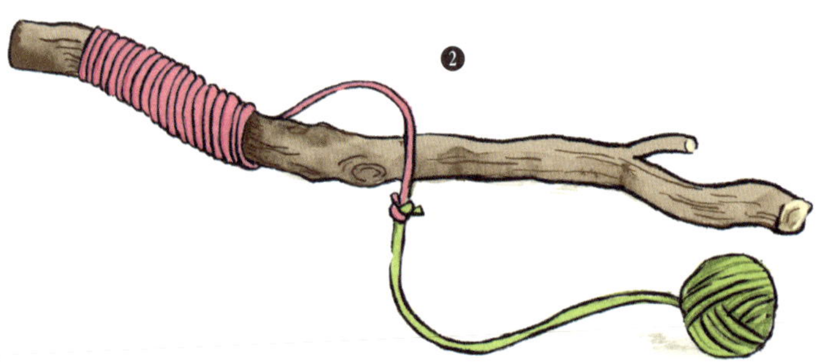

RÉALISATION

BÂTON BOHÈME

1. Alternez les matières : deux tours de masking tape, puis de la ficelle d'une couleur, puis un masking tape différent, puis un joli ruban.
2. Maintenez le ruban avec de la ficelle que vous nouerez autour. Choisissez une couleur qui contraste avec celle du ruban.
3. Poursuivez avec à nouveau du masking tape, puis encore de la ficelle d'une autre couleur.
4. Entre les espaces, dessinez des petits motifs avec des marqueurs. Laissez parler votre créativité : la seule règle est de laisser voir le bois.

LE BOIS FLOTTÉ

Sur ce type de bois, votre enfant peut dessiner avec des feutres, des marqueurs ou de l'acrylique. Les possibilités sont infinies.
Si le bâton est large, faites un dessin au crayon, peignez-le, puis repassez les détails au marqueur.
Si le bâton est fin, réalisez les bandes de couleur au feutre ou au marqueur plutôt qu'avec de la peinture.

L'IDÉE EN PLUS

Quand vous partez en vacances, emportez toujours avec vous une petite boîte avec des fournitures de loisirs créatifs : tubes de peintures acryliques, ciseaux, colle, ficelles, masking tape… C'est le moment idéal pour partager des moments créatifs avec votre enfant et pour vous balader afin de collecter dans la nature la matière première de vos créations… Les bâtons réalisés peuvent être mis ensemble dans un vase. Vous pouvez aussi vous en servir comme support pour suspendre des photos : nouez des ficelles ou des rubans et accrochez vos photos à l'aide de mini-pinces à linge.

ACTIVITÉ D'INTÉRIEUR ET D'EXTÉRIEUR

FABRIQUER SES TAMPONS

ÂGE CONCERNÉ : **de 4 à 8 ans**

DURÉE DE L'ACTIVITÉ : **de 45 min à 1 h**

MATÉRIEL

- Des gommes blanches
- Une pomme et/ou unepoire et/ou du citron
- Une pomme de terre
- Des planchettes de bois (jeux de construction)
- Une ficelle
- Des motifs autocollants en mousse
- Des bouchons en plastique de bouteilles de lait
- De la peinture (gouache, acrylique et textile) ou un encreur
- Un cutter ou une gouge, si vous en possédez
- Un crayon gras et un stylo à bille
- Un couteau ou un emporte-pièce

Pendant l'hiver ou les jours de mauvais temps, il n'est pas toujours facile de trouver de quoi occuper nos chères têtes blondes. Voici une activité que j'adore, car j'y prends autant de plaisir que mes filles : la fabrication de tampons. Les motifs et le support final peuvent varier à l'infini. Petits tableaux monochromes à encadrer, cartes de vœux ou couvertures de petits carnets de notes… Les possibilités sont nombreuses. Et pourquoi pas customiser un sac à main ou un torchon de coton blanc avec ces tampons ? Voilà un cadeau fait main et utile, qui pourra faire plaisir à votre famille !

RÉALISATION

À PARTIR DE 8 ANS

AVEC UNE GOMME

C'est la méthode qui donne les résultats les plus satisfaisants. Plus l'enfant est âgé, plus son habileté lui permettra de réaliser des motifs complexes. Si votre enfant est plus jeune, il peut réaliser des simples carrés et des triangles, avec lesquels il créera ensuite des maisons ou des compositions géométriques. Cette méthode requiert l'utilisation d'un cutter ou d'une gouge. Le maniement se fera dans le respect des consignes de sécurité de rigueur et sous la plus haute vigilance de l'adulte. Si la manipulation semble trop complexe pour votre enfant, laissez-le faire le dessin et soyez ses mains en réalisant vous-même la découpe.

1. Découpez la gomme en fonction du motif que vous souhaitez faire : pour un motif géométrique, une moitié de gomme suffit. Pour un dessin, il est préférable de garder la gomme entière.

2. Dessinez votre motif au stylo à bille sur la gomme. Attention, il faudra le reproduire à l'envers sur la gomme pour l'imprimer à l'endroit sur la feuille. Si vous utilisez un motif déjà dessiné, retracez-le en insistant avec un crayon gras, puis posez le papier sur la gomme en l'appuyant fort. Le crayon s'est transféré sur la gomme. Il ne vous reste plus qu'à repasser les traits au stylo.

3. Redessiner le motif à 5 mm autour du précédent tracé.

4. Avec le cutter, évidez autour et à l'intérieur, si besoin, du motif en laissant la bande entre les deux tracés intacte.

Frottez votre encreur sur le tampon (et pas l'inverse !), puis appuyez fermement le tampon sur la feuille.

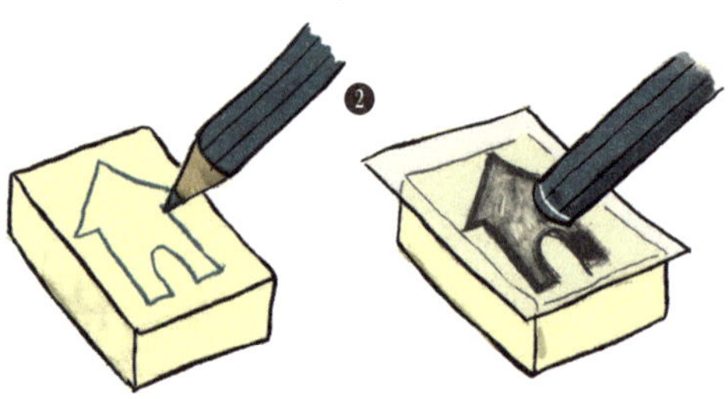

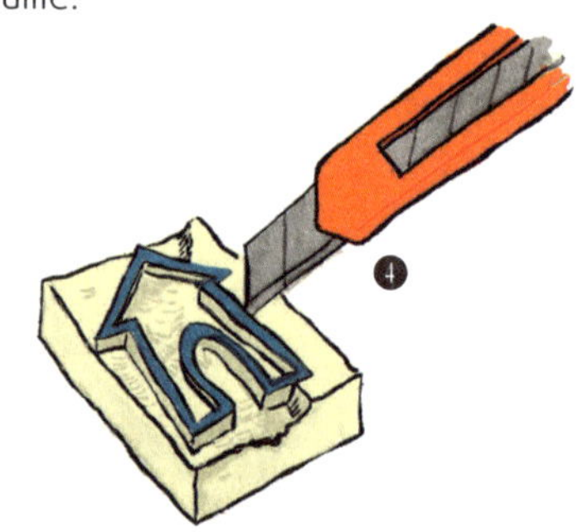

À PARTIR DE 6 ANS

AVEC UNE POMME DE TERRE

À défaut d'avoir une gomme à disposition, vous pouvez réaliser votre motif avec une pomme de terre. Ce tampon est périssable, mais c'est une bonne occasion de montrer à votre enfant que l'on peut utiliser des produits environnants pour créer ses outils. Moins complexe que la gomme, il nécessite l'utilisation d'un emporte-pièce et/ou d'un couteau. Aussi les recommandations de vigilance sont-elles les mêmes que pour la gomme.

1. Coupez la pomme de terre en deux.

2. Dessinez votre motif comme expliqué pour la gomme ou utilisez un emporte-pièce pour le réaliser.

3. Avec un couteau, évidez la chair de la pomme de terre autour du motif.

4. Pour ce tampon, il est préférable d'utiliser de la peinture (même textile, ça fonctionne !) plutôt que de l'encre.

RÉALISATION

AVEC DES FRUITS : POMME, POIRE, ORANGE, CITRON

1. Versez votre peinture dans une soucoupe.
2. Coupez le fruit : selon le sens de la coupe, le motif sera différent, c'est très intéressant de le faire remarquer à votre enfant.
3. Trempez légèrement le demi-fruit dans la peinture.
4. Appliquez sur le papier en appuyant.

AVEC UNE PLANCHETTE OU UN BLOC DE BOIS ET DE LA FICELLE

1. Nouez la ficelle très serrée autour de la planchette en bois : selon la façon dont vous ficelez, le motif sera différent.
2. Appliquez la peinture avec un pinceau. Au début, la ficelle absorbe beaucoup la peinture, il vous faudra faire des essais pour bien doser la quantité.
3. Appliquez dans un sens, puis dans l'autre pour former une jolie composition.

3

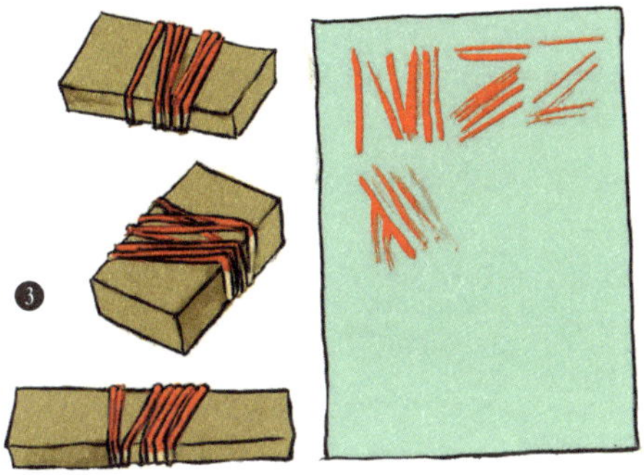

AVEC DES BOUCHONS EN PLASTIQUE ET DES MOTIFS EN MOUSSE AUTOCOLLANTS

1. Enlevez la feuille de protection du motif en mousse.
2. Collez-le sur un bouchon.
3. Frottez l'encreur sur le bouchon pour imbiber le motif.
4. Appuyez fortement, et surtout au milieu (les bouchons sont rarement plats, aussi vous faut-il appuyer sur tout le pourtour et au centre).

L'IDÉE EN PLUS

Si vous souhaitez customiser du textile et que vous ne possédez pas de peinture textile, vous pouvez mélanger à doses égales de la peinture acrylique et de la colle blanche. Repassez sur l'envers une fois la peinture séchée. C'est moins qualitatif que de la peinture textile, mais le risque de craquellement est néanmoins atténué.

ACTIVITÉ D'INTÉRIEUR

UN POT À CACTUS

ÂGE CONCERNÉ : **à partir de 4 ans**

DURÉE DE L'ACTIVITÉ : **45 min**

MATÉRIEL

- Les gabarits (p. 248-249)
- Des feuilles de papier cartonné vert de différentes nuances
- De la peinture ou des pastels vert clair et jaune
- De la peinture acrylique (pour décorer les pots)
- Un pinceau fin
- Du papier à motifs, un magazine...
- Des papiers rose, rouge et orange
- Une paire de ciseaux
- De la colle
- Une agrafeuse
- Des boîtes de conserve vides et nettoyées

Avoir des plantes chez soi n'est pas du goût de tout le monde, alors mettre des cactus dans la chambre de son enfant, n'en parlons pas ! Je vous propose de créer des cactus qui mettront tout le monde d'accord. Réalisés en papier cartonné, ils seront du plus bel effet dans n'importe quelle pièce de votre maison.

RÉALISATION

LE CACTUS

1. Reproduisez les gabarits des cactus sur le papier cartonné vert. Attention à bien garder la même nuance de vert pour un même cactus. Découpez-les.
2. Coupez ensuite les fentes qui permettront d'assembler les différentes parties.
3. Avec de la peinture ou les pastels jaune et vert clair, réalisez des lignes le long du cactus 1, des points sur le cactus 2 et des traits sur le cactus 3.
4. Pendant que la peinture sèche, décorez les boîtes de conserve.

LA BOÎTE

1. Avec le papier à motifs : enroulez-le autour de la boîte pour prendre les mesures, coupez-le et fixez-le à l'aide d'un ruban adhésif.
2. Avec de la peinture acrylique : peignez la boîte. Une fois la peinture séchée, vous pouvez aussi ajouter un motif découpé dans du papier, un magazine, etc. Fixez-le à l'aide d'un mélange de colle blanche et d'eau (dans les mêmes proportions). Comme la boîte est ronde, le motif a du mal à tenir : badigeonnez-le aussi du mélange colle-eau par-dessus après l'avoir placé sur la boîte, ça aidera à le maintenir en place.
5. Quand tout est bien sec, assemblez les parties du cactus par les fentes.

LES FINITIONS

1. Dans le papier rose, rouge ou orange, coupez des bandes de 5 x 3 cm, pliez en accordéon en faisant des plis d'environ 0,5 cm, puis pliez l'accordéon en deux, comme pour un petit éventail. Coupez ce petit éventail en biais pour réaliser une belle fleur.
2. Collez ou agrafez au milieu pour que l'éventail tienne en place, puis fixez les petites fleurs ainsi créées sur le sommet des cactus.
3. Posez un cactus par boîte de conserve et emplissez la boîte de cailloux ou de galets pour le maintenir en place. Vous pouvez remplacez les cailloux par du riz sec.

ACTIVITÉ D'INTÉRIEUR

UNE PORTE DE FÉE

ÂGE CONCERNÉ : **à partir de 4 ans**

DURÉE DE L'ACTIVITÉ : **45 min**

MATÉRIEL

- **9 bâtonnets en bois (de type bâtons d'esquimaux)**
- **Silk Clay® (pâte à modeler lisse et douce, qui sèche à l'air)**
- **De la colle ou peinture pailletée colorée**
- **1 strass**
- **De la colle en tube**
- **Une paire de ciseaux**
- **Un crayon à papier**
- **De la pâte à fixer**

Quoi de plus merveilleux que d'inviter les fées à venir dans la chambre et de votre enfant et à veiller sur son sommeil ? Avec cette activité simple, les plus jeunes développeront leur motricité fine et les grands laisseront libre cours à leur créativité. Votre enfant va à coup sûr inventer de belles histoires sur les fées qui seront venues lui rendre visite...

RÉALISATION

LA PORTE DE LA FÉE

1. Pour dresser la porte, aidez votre enfant à aligner 7 bâtonnets. Dessinez au crayon un arrondi de porte sur la partie haute du panneau formé.
2. Positionnez les deux autres bâtonnets sur la porte et tracez un trait pour marquer ce qui dépasse.
3. À l'aide des ciseaux, coupez chaque bâtonnet sur le trait tracé.
4. Alignez à nouveau les bâtonnets et collez les 2 bâtonnets de traverse sur les 7 bâtonnets alignés.
5. Pendant que la porte sèche, aidez votre enfant à former des petites boules avec la Silk Clay®. Posez-les au fur et à mesure tout autour de la porte en les alignant les unes sur les autres.

6. La Silk Clay® sèche assez vite. Pendant ce temps, avec la colle ou la peinture pailletée, faites des petits points sur les deux bâtonnets de traverse (un point à chaque fois que le bâtonnet est en contact avec un autre).
7. Collez un petit strass en guise de bouton de porte.
8. Voilà, la porte de fée est finie. Vous pouvez, à l'aide de pâte à fixer, la coller au bas d'un mur… il n'y a plus qu'à attendre que les fées arrivent…

3

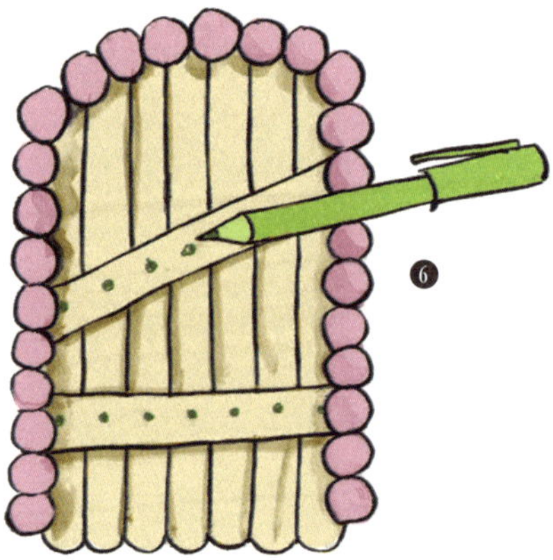
6

L'IDÉE EN PLUS

Vous pouvez ajouter des petits accessoires : un petit panneau réalisé sur papier et marqué « Bienvenue », des fleurs dessinées ou bricolées avec du papier crépon… Si la porte est située au-dessus d'une plinthe, vous pouvez ajouter une petite échelle réalisée avec des allumettes ou d'autres bâtonnets. Bref, tout ce qui pourra faire que les fées se sentent en confiance pour venir…

ACTIVITÉ D'INTÉRIEUR ET D'EXTÉRIEUR

UNE MINI-PIÑATA INDIVIDUELLE

ÂGE CONCERNÉ : **à partir de 4 ans**

DURÉE DE L'ACTIVITÉ : **20 min**

MATÉRIEL

- **Un petit tube de carton**
- **Du papier à motifs ou du papier cadeau**
- **Du papier cartonné**
- **Du papier de soie**
- **Des confettis**
- **Des petits bonbons**
- **Des petits jouets**
- **Du ruban adhésif**
- **De la colle**
- **Deux perles**
- **Du bolduc**
- **Une agrafeuse et une paire de ciseaux**
- **Une aiguille à broder**
- **De la ficelle**

Je vous propose la fabrication d'une mini-piñata que j'ai faite avec ma grande pour l'un de ses anniversaires. Elle a eu beaucoup de succès, car la surprise était totale et parce que chacun a eu le plaisir d'ouvrir la piñata (et sans taper...). Cette activité ne prend pas beaucoup de temps.

RÉALISATION

LA TRAPPE DE DÉLIVRANCE

1. Tracez un rond dans du papier cartonné à l'aide du rouleau de carton. Découpez ce rond et collez-le sur un carré de papier de soie. Ce dernier doit déborder de 2 cm de chaque côté du cercle. Laissez sécher quelques minutes.
2. Enfilez la ficelle sur votre aiguille à broder et nouez une perle au bout.
3. Trouez le centre du cercle en carton et faites passer la ficelle dans le trou. La perle doit se trouver du côté du carton.
4. Faites une boucle au bout de la ficelle : elle servira de poignée.
5. Collez ensuite le papier de soie sur le tube en carton à l'aide d'une petite ligne de colle autour de la base du tube en carton. La perle doit se trouver à l'intérieur du carton et la ficelle pend à l'extérieur. Laissez sécher.
En tirant sur la ficelle, la perle entraînera le disque maintenu uniquement par le papier de soie, qui se déchirera facilement.

LA DÉCORATION

Pour décorer votre piñata, le plus important, c'est de recouvrir le tube en carton qui n'est pas très joli. Vous pouvez pour ce faire utiliser du papier à motifs.
1. Dans le papier que vous aurez choisi, découpez un rectangle de la même hauteur que le tube et d'une largeur suffisante pour en faire le tour.
2. Vous pouvez aussi attacher du bolduc avec du ruban adhésif en bas de ce rectangle.
3. Enroulez le papier autour du tube et agrafez-le en haut. Comme vous ne pouvez pas agrafer le bas à cause du papier de soie, utilisez un petit bout de ruban adhésif pour maintenir le bas du rectangle de papier enroulé.
4. À l'aide de votre aiguille à broder, faites un trou en haut de chaque côté du rouleau en carton ainsi décoré. Veillez à ne pas le faire trop près du bord.

LE REMPLISSAGE DE LA PIÑATA

À présent, vous pouvez remplir le rouleau avec des confettis, des petits bonbons ou des petits jouets. Prenez soin de ne pas mettre de choses qui puissent gêner le passage des autres objets ou qui puissent faire mal en tombant.

RÉALISATION

FERMER LA PIÑATA

1. Dessinez, puis coupez un cercle plus large que le tube dans du papier cartonné.
2. Coupez une fente du bord jusqu'au centre du cercle.
3. Formez un cône et maintenez-le en place en agrafant la base.
4. Coupez la pointe du cône à l'aide des ciseaux.
Il faut maintenant attacher le cône de la piñata. Il est très important de le fixer solidement, car votre enfant va tirer dessus.
5. Faites passer une ficelle en faisant deux trous de chaque côté en haut de la piñata.
6. Enfilez les deux extrémités de la ficelle dans une perle : cela permettra à la ficelle de rester bien centrée.
7. Pour finir, passez ensuite ces deux extrémités à l'intérieur du cône et faites-les ressortir par la pointe.
8. Faites glisser le cône le long de la ficelle pour le descendre sur le tube. Vous pouvez maintenant suspendre la mini-piñata !

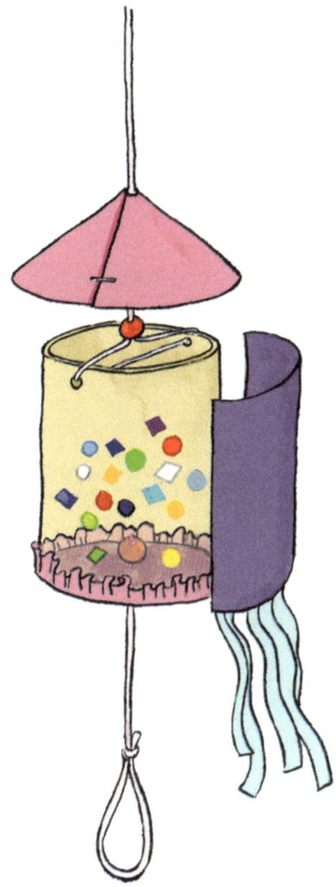

L'IDÉE EN PLUS

Si la fête se déroule à l'intérieur, les confettis ne sont pas obligatoires (humour !).

4

FABRIQUER SES JOUETS

Craies géantes • Figurines en bois • Un tapis de jeu • Un garage automobile • Un hélicoptère en papier • Faire son circuit de billes • La balle qui lévite • Construire un château fort

QUAND LE JEU COMMENCE À LA FABRICATION DU JOUET

Dans notre société actuelle, l'emploi du temps de nos enfants est surchargé : entre l'école, les activités extrascolaires, et jusqu'aux jeux éducatifs que nous leur offrons, il y a de moins en moins de place pour le jeu dit « libre ». Je le disais en introduction : pour favoriser le développement de leur potentiel créatif, il est important de les laisser s'ennuyer. C'est dans les périodes d'inactivité que votre enfant joue librement. Ces périodes de jeux libres l'aident à développer :

- **sa sociabilité** : par le jeu du « faire semblant », votre enfant entre dans la sphère sociale avec ses règles. Il apprend à exprimer ses idées et à résoudre des problèmes de nature sociale. Il découvre la persuasion, la négociation, le compromis et la coopération avec les autres enfants. Il apprend à faire des efforts et des consensus pour que le jeu continue, il apprend à être juste, à attendre son tour... à ne pas abandonner face à la frustration. Il apprend à se comporter socialement ;

- **sa confiance en soi** : quand votre enfant joue avec ses poupées, ses figurines, etc., il se crée un monde fabuleux. C'est l'occasion, pour lui, de rejouer grâce à ses jouets des situations difficiles auxquelles il a dû faire face (demander quelque chose, un conflit avec un pair, la maladie d'un proche, etc.). Il exprime alors sa personnalité. Il fixe ses règles, apprend à choisir la bonne attitude, évalue ce qui est acceptable, trouve une solution pour résoudre la situation qui pose problème. Il va prendre ses décisions, décider que faire et comment le faire. Comme il s'agit d'un jeu, il peut prendre le risque d'échouer et, du coup, apprendre à réagir face à l'expérience de l'échec. Ce sentiment de maîtrise contribue à développer sa confiance en lui-même ;

- **sa créativité** : en cherchant des solutions à la situation problématique qu'il invente, votre enfant explore et teste de nouvelles possibilités. Il développe sa capacité à trouver des solutions originales pour faire face à des difficultés. Il acquiert ainsi une certaine flexibilité comportementale, qui lui permettra d'être moins démuni face aux imprévus.

Cette partie « Fabriquer ses jouets » me semble importante. C'est l'idée que je transmets dans mes ateliers : on n'a pas besoin de jouets dernier cri pour bien s'amuser, bien au contraire, car le jouet n'est ici qu'un prétexte ! Les pédagogues Freinet et Waldorf recommandaient des jouets peu élaborés, qui n'expriment pas tout, afin de laisser s'épanouir la propre force d'imagination créatrice et volontaire de l'enfant. Mes filles ne veulent plus que l'on jette aucun emballage : la boîte de biscuits est un lit pour les poupées, celle de la purée leur sert de belle tente... Avec les bases transmises par les activités créatives qui suivent, votre enfant saura par la suite se fabriquer ses jouets dans n'importe quelle circonstance. Chez des amis, chez les grands-parents ou même en voyage, il sera autonome pour jouer. Car le jeu commence dans la création du jouet. Avec des matériaux présents dans votre maison pour la plupart, votre enfant donnera libre cours à son imagination et développera sa créativité. Il fera aussi des expériences sensorielles : en recherchant l'équilibre, en comparant la densité de tel emballage par rapport à tel autre pour évaluer si c'est le bon matériau à choisir et en ressentant la texture des objets (carton, feutre, feutrine, bois...). Il voudra peut-être ajouter une tour au château, des personnages, un étage au garage... laissez-le diverger et s'éloigner du projet initial pour suivre son propre jeu.

Une fois qu'il aura fabriqué ses jouets, votre enfant pourra élaborer différents univers, des petits mondes bien à lui. Il donnera vie à ses personnages, placera sa ferme, son train, ses figurines sur le tapis qu'il aura construit... pour son plus grand plaisir !

ACTIVITÉ D'EXTÉRIEUR

CRAIES GÉANTES

ÂGE CONCERNÉ : **à partir de 4 ans**

DURÉE DE L'ACTIVITÉ : de **5 à 8 min** par craie, **2 jours** de séchage, des heures de jeux

MATÉRIEL

Pour une craie

- 1 tasse à café de plâtre de Paris
- 1 tasse à café d'eau tiède
- 2 cuillerées à café de gouache
- 1 récipient pour faire le mélange
- 1 rouleau en carton ou 1 moule à mini-buche en silicone
- Du papier sulfurisé
- Du ruban adhésif large

Je crois que c'est là une des activités préférées de mes filles. Au moment où j'écris ces lignes, je regarde par la fenêtre et je vois notre cour couverte de couleurs. Dès qu'il fait beau, mes filles dessinent dehors, jouent à la marelle et s'inventent des histoires fabuleuses, dont elles dessinent les personnages, les lieux et les cartes aux trésors.
Les craies géantes, appelées aussi « craies de trottoir », sont faciles à trouver et peu onéreuses. Mais quoi de plus amusant que de faire sa propre tambouille et de créer ses propres couleurs (des craies fluo, par exemple) ? Ces craies vont durer et, comme avec toutes les craies, les dessins s'effacent avec la pluie...

trop forts

RÉALISATION

LES CRAIES

1. Commencez par obturer une extrémité du rouleau en carton avec du ruban adhésif.
2. Découpez une bande de papier sulfurisé et glissez-la dans le rouleau. Le papier doit dépasser un peu.
3. Ensuite, dans le récipient, versez une tasse à café d'eau tiède et 2 cuillerées à café de gouache, selon l'intensité de couleur désirée. Mélangez bien la couleur avec l'eau.
4. Versez ensuite sur ce mélange une tasse à café de plâtre. Mélangez bien le tout.
5. Laissez poser quelques minutes pour que la pâte à craie épaississe. Ajoutez un peu de plâtre ou un peu d'eau si le mélange vous semble trop épais ou trop liquide. S'il est trop épais, la craie sera trop dure pour écrire ; s'il est trop liquide, la craie mettra du temps à sécher et sera très friable.
6. Versez le mélange dans le rouleau ou dans le moule.
7. Enfin, tapotez le rouleau afin de chasser les bulles d'air du mélange (faites de même si vous utilisez un moule).
8. Recommencez les étapes de 1 à 7 pour chaque couleur désirée.
9. Laissez sécher 1 jour. À l'issue de cette journée, vous pouvez démouler et retirer le papier sulfurisé autour de la craie.
10. Laissez à nouveau sécher 1 journée.
11. À vos marques ? Prêt ? Dessinez !

2

6

RÉALISATION

CONSEILS

Le plâtre met 10 à 30 minutes pour durcir. Procédez craie par craie pour éviter tout désagrément.

Le plâtre est volatil. Quand vous versez le plâtre dans l'eau, éloignez votre enfant ; il reviendra pour mélanger.

L'utilisation de moules en silicone permet d'avoir de belles craies bien uniformes.

Pensez à protéger votre plan de travail.

L'IDÉE EN PLUS

N'hésitez pas à utiliser de la gouache fluo, métallisée ou à paillettes pour fabriquer des craies originales.

S'il vous reste de la pâte après avoir rempli le tube, utilisez-la pour créer des craies rigolotes à l'aide de petits moules en silicone : celles-ci serviront pour le tableau noir et provoqueront la joie de votre enfant à coup sûr !

ACTIVITÉ D'INTÉRIEUR

FIGURINES EN BOIS

ÂGE CONCERNÉ : **à partir de 4 ans**

DURÉE DE L'ACTIVITÉ : **de 15 à 30 min**

MATÉRIEL

- **Des bâtonnets en bois de différentes tailles** (n'hésitez pas à conserver ceux des glaces)
- **Du masking tape**
- **Des feutres de couleur**

Quoi de plus réjouissant pour un enfant que de pouvoir créer ses propres poupées et ses propres figurines. Il n'y a aucune limite à cette activité. Votre enfant pourra créer toutes les figurines qu'il souhaite : animaux domestiques ou de zoo, personnages réels ou de contes de fée.

Au-delà de l'activité créative proprement dite, vous pourrez continuer à stimuler son imagination et à développer sa capacité narrative en lui demandant, par exemple, de raconter une histoire dans laquelle il fera participer les figurines que vous lui présenterez au fur et à mesure.

RÉALISATION

LES FIGURINES

1. Sur les bâtonnets de bois, dessinez en haut des visages pour les personnages.
2. Utilisez le masking tape pour créer les vêtements.
3. Avec un feutre fin noir, dessinez sur le masking tape pour créer les détails des vêtements.
4. Finissez en dessinant les jambes et les chaussures.
5. Pour figurer les différents membres d'une famille, utilisez des bâtonnets de différentes tailles.
6. Pour créer des petits animaux, coupez le bâtonnet en deux ou en trois.

L'IDÉE EN PLUS

Vous pouvez utiliser ces figurines sur le tapis de jeux (ci-contre). Pour faire tenir les personnages debout, collez-les sur des pinces à linges.
Emportez le matériel dans une petite pochette quand vous sortez au restaurant : voici une belle façon de patienter quand l'attente est un peu longue.

ACTIVITÉ D'INTÉRIEUR

UN TAPIS DE JEU

ÂGE CONCERNÉ : **à partir de 6 ans**

DURÉE DE L'ACTIVITÉ : de **2 à 5 h** (selon le nombre de tapis et de détails)

MATÉRIEL

- 1 ou plusieurs plaques de feutre de 60 x 42 cm
- Des feuilles de feutrine autocollantes de différentes couleurs
- Des feuilles de feutrines de différentes couleurs
- Des motifs autocollants en feutrine
- Du papier autocollant
- Des marqueurs
- De la peinture acrylique
- Des pinceaux ronds et des pinceaux plats de différentes tailles
- Un crayon
- Un paire de ciseaux

Les tapis de jeux se ressemblent tous. Ils sont souvent monothématiques, trop grands ou trop petits... Bref, difficile d'en trouver un qui convienne parfaitement. C'est pourquoi je vous propose de faire votre propre tapis de jeu... sans couture aucune ! Votre enfant pourra choisir son thème, dessiner sur une feuille ce qu'il aimerait avoir et, avec votre aide, il donnera vie à son dessin. Le feutre épais se découpe facilement. Son prix raisonnable vous autorise à confectionner plusieurs tapis que vous assemblerez pour en réaliser un de plus grande taille, adapté à vos envies et aux jouets de votre enfant. Et quand il faut ranger, les plaques s'empilent, ce qui est très pratique.

RÉALISATION

AVANT DE COMMENCER

Dessinez sur une feuille ce à quoi doit ressembler le tapis de jeux. Les thèmes – variés – s'adaptent aux figurines et aux petits jouets avec lesquels votre enfant joue le plus : la ville, la mer, la ferme, l'espace, les pièces d'une maison, un zoo, l'île aux pirates, le décor d'un conte, etc. Si vous créez des routes, pensez à dessiner des repères au crayon sur les bords des différentes plaques, dans le cas où vous en fabriquez plusieurs. Ainsi, les routes continuent d'un tapis à l'autre en permettant plusieurs configurations différentes.

AVEC DES MARQUEURS OU DE LA PEINTURE ACRYLIQUE

1. Reportez le dessin au crayon à papier sur le feutre.
2. Repassez ensuite sur ce tracé avec les marqueurs ou de la peinture acrylique. Utilisez, pour le contour des routes, un pinceau rond (10 ou 12 mm de diamètre). Pour le remplissage des formes, préférez un pinceau plat.
3. Procédez de la même façon pour les maisons et les décorations. Utilisez des pinceaux de tailles différentes en fonction de ce que vous souhaitez obtenir.
4. Les marqueurs sont très utiles, notamment si vous souhaitez réaliser une partie d'un chemin de fer : cette dernière, qui peut s'avérer fastidieuse avec de la feutrine, est simple à réaliser avec un marqueur argent, noir ou marron.
5. Laissez sécher avant de jouer. La peinture acrylique et les marqueurs permettent d'ajouter des détails et de dessiner exactement ce que votre enfant souhaite. Le rendu est vraiment chouette !

GARE
Bienvenue!
STATION SERVICE
ECOLE
FERME
GLACES

AVEC DE LA FEUTRINE ADHÉSIVE

1. Reportez les différents éléments du dessin de votre enfant sur le papier au dos de la feutrine adhésive. Ce dernier étant quadrillé, tracez une grille sur son dessin pour vous faciliter le report à l'échelle et pour rester au plus près de sa création.

2. Coupez la feutrine sur les contours dessinés, puis collez-la sur le feutre après avoir enlevé la feuille de papier. Pour davantage de confort, vous pouvez retirer le papier au fur et à mesure que vous collez la feutrine.

3. Pour réaliser des maisons, utilisez au maximum les chutes de feutrine : faites le contour d'une maison sur le côté papier avec carré ou rectangle plus triangle, par exemple. Découpez, puis ajoutez des petits rectangles ou des carrés d'une autre couleur pour les fenêtres et la porte. N'hésitez pas à varier la taille, la largeur et les couleurs des maisons.

4. Créer aussi des bâtiments connus : un hôpital sera figuré par un simple rectangle blanc, avec une croix rouge au milieu. Pour une pompe à essence, coupez un rectangle d'une couleur et un carré d'une autre couleur. Collez le carré en haut du rectangle. Puis utilisez un morceau de lacet avec son embout, que vous prendrez en sandwich entre le feutre et la feutrine autocollante. L'embout permettra de mettre de l'essence dans les voitures.

5. Pour les espaces verts, dessinez une courbe à l'arrière d'une feutrine adhésive verte. Découpez ensuite une bande de feutrine non adhésive, verte aussi, de 2 cm de largeur. Frangez cette bande sur 1 cm. Calez la partie non frangée en sandwich entre la feutrine adhésive et le tapis. Cela ajoute un peu de relief à votre tapis. Vous pouvez réaliser beaucoup de détails avec la feutrine adhésive : coller une pierre sur un chemin, par exemple.

1
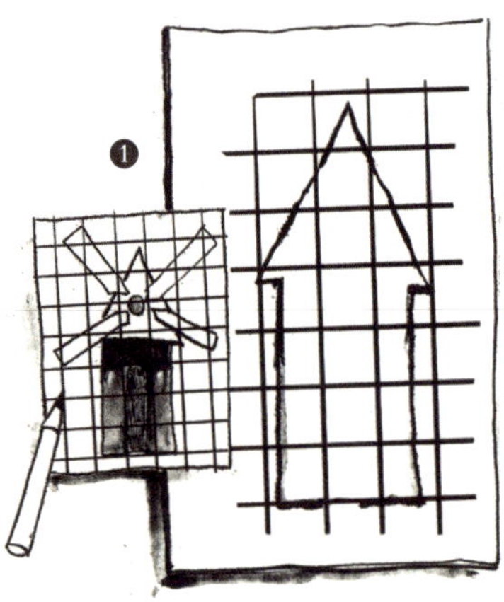

1
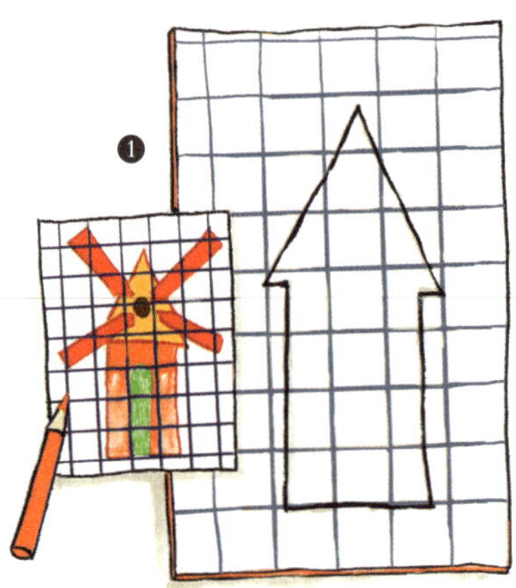

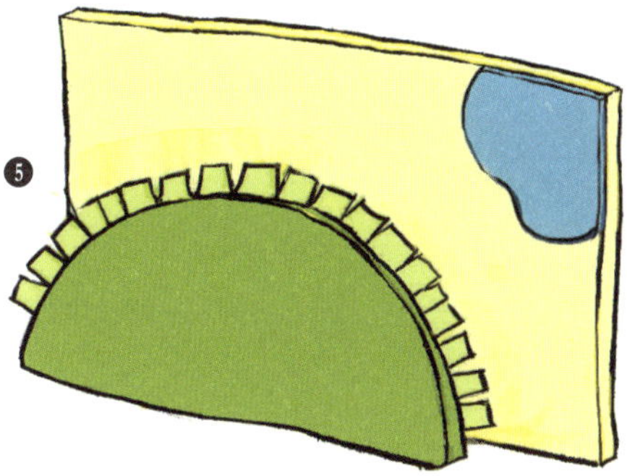

6. Utilisez du papier autocollant pour enrichir votre tapis et le rendre encore plus attractif. Il colle aussi très bien sur le feutre. Un peu moins solide que la feutrine, il vous permettra néanmoins d'avoir une palette de motifs, de textures et de couleurs plus importante que celle des feutrines adhésives. La partie « mer » sur la photo p. 187 est réalisée avec un papier autocollant bleu pailleté.

L'IDÉE EN PLUS

Avec du double face (comme celui pour coller les moquettes au sol) et des chutes de tissus, vous pouvez créer du tissu autocollant qui viendra agrémenter le tapis. N'hésitez pas, dans ce cas, à utiliser du tissu à motifs pour un résultat haut en couleur.

Vous pouvez aussi mixer les techniques et dessiner au feutre ou au marqueur sur la feutrine collée. Le rendu est très sympa aussi : par exemple, quadriller les fenêtres, dessiner des fleurs sur un parterre vert, ou alors ajouter des maisons à motifs sur un tapis.

Vous pouvez vous tromper : la plaque de feutre à deux faces ! Pour créer des personnages, utilisez les figurines sur bâtonnet du livre (p. 182). Collez une pince à linge en bois derrière pour les faire tenir debout tout seuls.

Avec des pinces à linge en bois et des stickers de panneaux de signalisation, vous pourrez aussi fabriquer des accessoires pour rendre le jeu encore plus amusant !

Pour finir, n'hésitez pas à ajouter des jeux et des accessoires disponibles dans la chambre de votre enfant : des maisons, des figurines et des animaux en plastique permettront de démarrer le jeu et de lui faire raconter des histoires extraordinaires !

ACTIVITÉ D'INTÉRIEUR

UN GARAGE AUTOMOBILE

ÂGE CONCERNÉ : **à partir de 4 ans** (accompagné de près)

DURÉE DE L'ACTIVITÉ : de **1 à 2 h** (selon les détails apportés)

MATÉRIEL

- Une boîte de pizza ou une boîte de traiteur
- Une boîte à chaussures
- 4 rouleaux en carton de papier toilette
- 3 feuilles de papier absorbant
- Du papier cartonné
- Deux piques à brochette
- De la colle
- Une paire de ciseaux
- Un cutter
- Une grosse aiguille ou un poinçon (pour percer des trous dans le carton)
- 4 perles

Pour décorer : des feutres, des marqueurs, des stickers

Jouer aux voitures, voilà une activité intemporelle ! Ma dernière adore ses petites voitures… Pour autant, nous n'avons jamais eu l'occasion de lui offrir un garage. En revanche, en fabriquer un, c'est dans nos cordes ! Je vous propose de créer avec votre enfant un garage simple à faire, ainsi qu'une station de lavage qu'il pourra actionner tout seul : c'est une activité facile et assez rapide, qui va lui procurer de nombreuses heures de jeu !

LAVERIE
P

RÉALISATION

LA STATION DE LAVAGE

1. Positionnez la boîte à chaussures sur le côté et réalisez une ouverture de 10 cm en forme de porte arrondie au dos du milieu de la boîte en prenant soin de laisser le bas accroché.
2. Dans une feuille de papier absorbant, découpez un carré plus large que votre ouverture, puis réalisez des franges avec les ciseaux en laissant une marge de 1,5 cm : pour les enfants de 4 à 5 ans, tracez la marge pour qu'ils s'arrêtent bien et ne découpent pas jusqu'au bout.
3. Collez ce « rideau » à l'intérieur de la boîte tout en haut de l'ouverture.
4. Dans les deux autres feuilles de papier absorbant, découpez des bandes de 4,5 cm et frangez-les en laissant une marge de 1 cm en haut.
5. Collez ces franges sur deux des rouleaux en commençant par le bas. Les franges doivent se chevaucher.
6. Dessinez, puis coupez 4 disques dans du papier cartonné. Utilisez l'un des rouleaux pour tracer les cercles.
7. Percez le centre des 4 disques, puis collez-les à chaque extrémité des rouleaux frangés.
8. Positionnez ces rouleaux dans la boîte en laissant un espace entre les deux qui permette le passage d'une voiture. Percez deux trous sur le dessus de la boîte, juste au-dessus des rouleaux.
9. Pour chaque rouleau, passez une pique à brochette dans le trou de la boîte, puis dans les trous des disques. Vous pouvez serrer à l'aide d'une perle.
10. Coupez l'extrémité de la brochette en laissant suffisamment de distance pour que votre enfant puisse tourner la pique.
11. En tournant les deux piques, les rouleaux vont tourner en même temps, comme dans une station de lavage, et la voiture avancera.
12. Finissez en ajoutant de la décoration. Vous pouvez vous servir du couvercle de la boîte pour faire l'allée qui conduit à la laverie ou bien dessinez des flèches pour indiquer le sens à suivre.

5

8

9

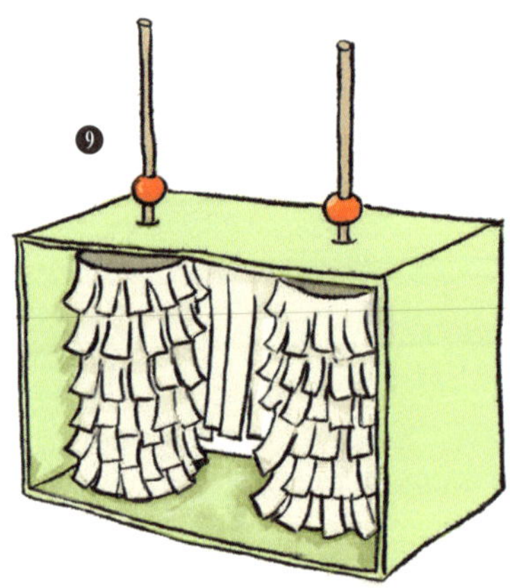

RÉALISATION

LE GARAGE

1. Séparez la boîte à pizza en deux en enlevant la bande de séparation entre le couvercle et la partie du bas. Si cela vous semble trop grand, vous pouvez également diviser chaque partie en deux moitiés.

2. Sur l'une des deux parties, qui vous servira d'étage, coupez un rectangle de 7 cm de large à 7 cm du bord. Ne coupez que les grands côtés et l'un des deux petits. Pliez le dernier petit côté vers le bas : c'est la descente.

3. Décorez les deux autres rouleaux en carton, puis positionnez-les sur le plateau du bas pour que celui du haut tienne bien en équilibre. Collez-les sur le plateau du bas.

4. Dessinez ensuite les emplacements. Ajoutez éventuellement des stickers de signalisation sur le plateau haut et sur le plateau bas.

5. Quand la décoration est sèche, encollez le haut des rouleaux et positionnez correctement le plateau haut. Le garage est fini !

❷

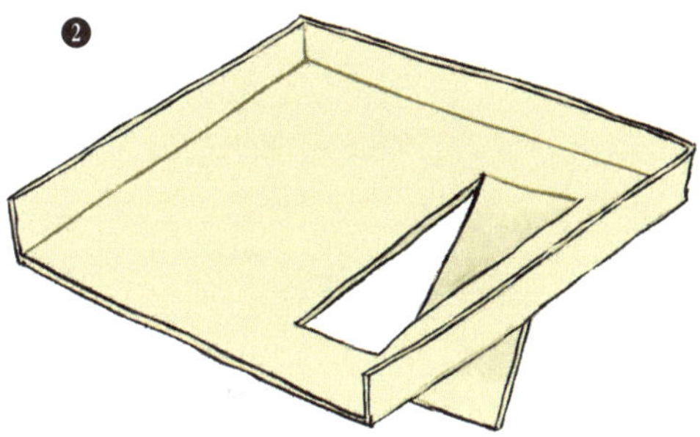

❸

ACTIVITÉ D'INTÉRIEUR OU D'EXTÉRIEUR

UN HÉLICOPTÈRE EN PAPIER

ÂGE CONCERNÉ : **à partir de 4 ans**

DURÉE DE L'ACTIVITÉ : **10 min**

MATÉRIEL

- **Le gabarit (p. 247)**
- **Du papier décoré**
- **1 trombone par hélico**
- **Un paire de ciseaux**

Voici un petit jouet tout simple à fabriquer : juste un bout de feuille et un trombone suffisent. Utilisez du joli papier ou faites décorer l'hélicoptère par votre enfant avant de le lancer.
Si vous souhaitez expliquer le « comment ça vole » à votre enfant, vous pouvez vous référer à l'activité sur le planeur (p. 55) : ce sont les mêmes forces en action.
J'ai fait fabriquer ces petits hélicos en papier plusieurs fois déjà et, à chaque fois, les réactions ont été les mêmes. Vous verrez, votre enfant sera perplexe tout le long de la préparation : au cours des phases de découpage, pliage et mise en place du trombone, il dira : « un hélico, ça ? », jusqu'au moment où il le lancera et le verra voler... Attendez-vous à un « wouahhhhhhhhh ! »...

RÉALISATION

L'HÉLICOPTÈRE

1. Reportez le gabarit sur le papier à motifs.
2. Coupez sur les 3 traits pleins.
3. Pliez les 4 lignes pointillées : A et B se replient sur C.
4. Pliez ensuite une hélice vers la droite, puis l'autre vers la gauche.
5. Enfin, repliez l'extrémité et fixez-y le trombone... c'est prêt ! Lancez-le vers le haut !

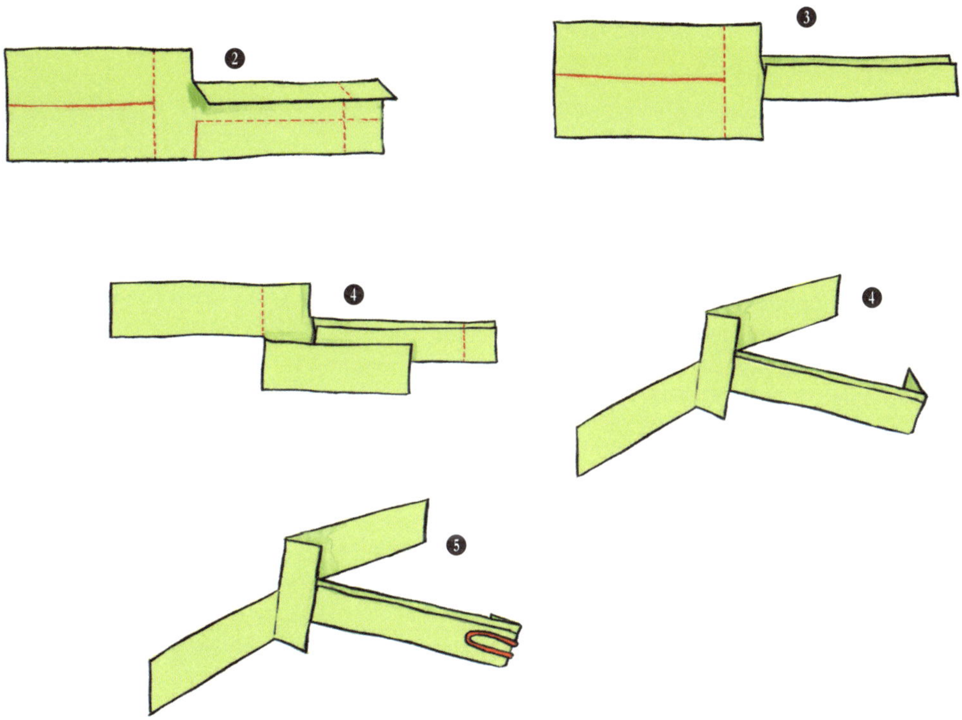

L'IDÉE EN PLUS

Préparez quelques gabarits et des feuilles pour des soirées chez des amis : ça occupera les enfants pour un temps (et les parents voudront tester aussi !).

ACTIVITÉ D'INTÉRIEUR

FAIRE SON CIRCUIT DE BILLES

ÂGE CONCERNÉ : **à partir de 6 ans**

DURÉE DE L'ACTIVITÉ : **45 min**

MATÉRIEL

- Le gabarit des portes (p. 250)
- 1 boîte à chaussures
- 1 feuille de papier à motifs cartonnée
- Des papiers de couleur
- Des pailles neuves ou lavées
- Un crayon à papier
- Un feutre noir
- Une paire de ciseaux
- De la colle en tube
- Une bille

À l'entrée à l'école primaire, les enfants découvrent les joies du jeu de billes. Mais pour nous, parents, ce n'est pas simple de jouer avec eux à la maison. Voici une activité qui leur permettra de jouer avec leurs billes (et vous aussi !). Avec peu de matériel, votre enfant se construira un chouette casse-tête !

ARRIVÉE

RÉALISATION

LE CIRCUIT

1. Posez le fond de la boîte à chaussures sur l'envers du papier à motifs. Tracez le contour et découpez-le.

2. Sur l'endroit du papier à motifs cartonné, tracez le labyrinthe au crayon à papier. En voici un modèle pour vous donner des idées.

3. Reportez ensuite les figures des portes du gabarit sur des papiers de couleur et découpez-les.

4. Au feutre noir, dessinez sur les portes et réalisez des motifs sur le tunnel.

5. Pour créer le tunnel, pliez sur les pointillés et arrondissez le gabarit. Collez les languettes ensuite à un endroit qui vous paraît adapté.

6. Pour fixer les autres portes, pliez une languette dans un sens et l'autre dans l'autre sens. Collez-les dans le labyrinthe sur les ouvertures où peut passer la bille.

7. Collez les bannières « Départ » et « Arrivée » sur les côtés de la boîte.

8. Découpez les pailles en fonction des traits de votre labyrinthe, puis collez-les sur le papier à motifs cartonné. Certaines pailles vont se placer au-dessus des languettes des portes, c'est normal.

9. Attendez que tout soit bien sec avant de mettre le papier à motifs au fond de la boîte et de commencer à jouer avec la bille !

2

6

8

L'IDÉE EN PLUS

- Pour varier, réalisez différents modèles de labyrinthes sur du papier cartonné : vous changerez de jeu en gardant la même boîte.
- Ajoutez une autre bille pour augmenter la difficulté – rigolade assurée !

ACTIVITÉ D'INTÉRIEUR OU D'EXTÉRIEUR

LA BALLE QUI LÉVITE

ÂGE CONCERNÉ : **à partir de 4 ans**

DURÉE DE L'ACTIVITÉ : **10 min**

MATÉRIEL

- **Une feuille de papier**
- **Une paille coudée**
- **Une paire de ciseaux**
- **Du masking tape**
- **De la pâte à fixer**
- **Du papier d'aluminium**

Voici un petit jeu qui nécessite peu de matériel, ce qui est très pratique quand on n'est pas chez soi.
Si vous souhaitez expliquer le « comment ça vole » à votre enfant, vous pouvez vous référer à l'activité sur le planeur (p. 55) : les mêmes forces sont en action sur la boule qui flotte.

RÉALISATION

LA BALLE QUI LÉVITE

1. Découpez un rond de 8 cm de diamètre.
2. Tracez un rayon et découpez-le pour créer une fente.
3. Formez ensuite un cône, que vous fixerez avec du masking tape.
4. Coupez un petit trou au niveau de la pointe du cône.
5. Passez-y la petite partie de la paille coudée.
6. Fixez le tout à l'extérieur du cône avec du masking tape.
7. Enfin, formez un boudin avec la pâte à fixer et étalez-le autour de la paille, au fond du cône, afin d'éviter que l'air ne passe.
8. Pour finir, formez une petite boule avec le papier d'aluminium.

3
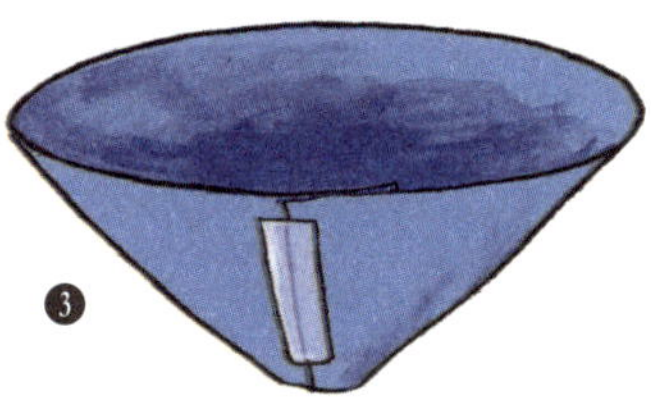

7

RÉSULTAT

Mettez la boule dans le cône, puis soufflez dans la paille pour faire léviter la boule.
Note importante : ce jeu est très addictif et pourrait provoquer des fous rires incontrôlés.
Note importante bis : ce petit jouet fonctionne aussi à merveille avec les adultes !

L'IDÉE EN PLUS

Réalisez-en deux exemplaires et jouez à celui qui fait léviter la boule le plus longtemps. (Le secret réside dans le fait qu'il faut souffler le plus doucement possible.)

ACTIVITÉ D'INTÉRIEUR

CONSTRUIRE UN CHÂTEAU FORT

ÂGE CONCERNÉ : **à partir de 6 ans**

DURÉE DE L'ACTIVITÉ : de **2 à 6 h** (selon les détails rapportés)

MATÉRIEL

- Les gabarits des fenêtres et des toits (p. 251)
- Un petit carton
- Une boîte de chips ronde
- 4 petits rouleaux en carton
- 3 grands rouleaux en carton
- Un petit paquet de céréales (portion individuelle)
- Une boîte ronde (en carton) de fromage à tartiner
- Un paquet de biscuits vide
- Une brique vide de 2 litres de jus de fruits (en carton)
- Une brique vide de 1 litre de jus de fruits (en carton)
- Des papiers cartonnés de couleur, dont un jaune ou un orange
- Du ruban adhésif
- De la ficelle
- 2 rouleaux de masking tape, dont un de 3 mm de large
- Des cure-dents
- 4 attaches parisiennes
- De la colle en tube (si possible, opter pour un pistolet à colle)
- Une agrafeuse (facultatif)
- De la peinture acrylique de 2 couleurs différentes
- Un cutter (à n'utiliser que par l'adulte)
- Pour trouer : un poinçon ou un couteau très pointu
- Une paire de ciseaux

RÉALISATION

Plus que jamais, le recyclage est une notion importante à transmettre à nos enfants. Pour ma part, apprendre à mes filles que la nature a besoin d'être préservée m'aide à croire qu'elles seront actives dans la préservation de notre planète. Savoir faire le tri, mais aussi utiliser le carton et les emballages pour ne pas gaspiller fait partie de cet apprentissage. Voici une activité créative qui donne à votre enfant l'occasion de construire son propre château fort. Il pourra y jouer avec ses figurines et inventer mille et une histoires fantastiques de princesses et de chevaliers ! Pour plus de praticité, j'ai conçu un château dont les éléments se rangent dans le carton pour un gain de place appréciable quand le jeu est fini. Ce projet peut se faire en plusieurs fois selon les détails que vous voudrez ajouter. N'hésitez pas à ajouter d'autres tours ou des petites maisons pour faire un village. Après cette activité, vous ne verrez plus les boîtes d'emballage de la même manière !

LE CHÂTEAU

1. Sur les rabats du carton, dessinez un T à 4 cm du bord.
2. Coupez ce T et conservez-le : il servira à habiller l'intérieur du château.
3. Découpez ensuite les trous des créneaux tout le long du haut : le carton se découpe très facilement. Si les rabats ne restent pas bien debout, assemblez les côtés à l'aide de scotch ou de masking tape.
4. Peignez le carton. Si vous utilisez une peinture acrylique, une seule couche suffit.

3

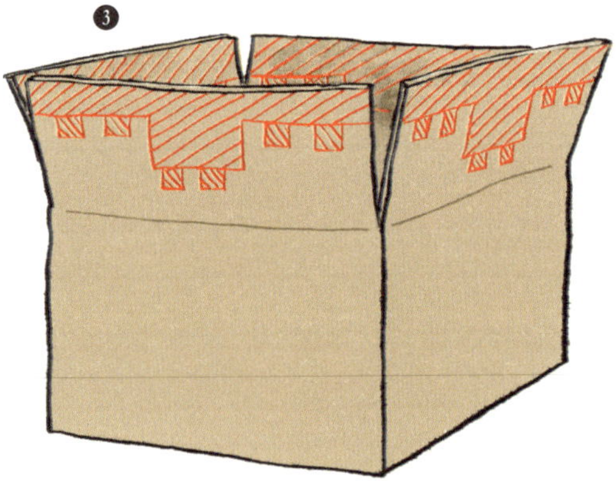

RÉALISATION

LA GROSSE TOUR RONDE ET CRÉNELÉE

1. Réservez le couvercle en plastique de la boîte de chips.
2. Réalisez deux fentes sur la boîte de chips, de façon qu'elle s'emboîte sur le côté gauche du château.
3. Peignez la boîte. Selon la couleur choisie, il vous faudra peut-être passer une seconde couche.
4. Peignez la boîte de fromage à tartiner dans une autre couleur.
5. Peignez un des 4 petits rouleaux en carton.
6. Pendant que tout sèche, réalisez un toit (voir Les toits des tours rondes, p. 209).
7. Quand la boîte à fromage est sèche, dessinez et découpez les créneaux sur le haut. Percez-y un trou.
8. Percez aussi un trou sur le couvercle en plastique de la boîte de chips.
9. À l'aide de l'attache parisienne, assemblez la boîte à fromage sur le dessus du couvercle ; la tête de l'attache doit se trouver sur la boîte.
10. Collez le toit en haut du rouleau. Puis collez le rouleau au milieu de la boîte à fromage crénelée.
11. Quand la grosse tour est sèche, placez-la l'ouverture vers le bas et utilisez le masking tape de 3 mm pour former des colombages.
12. Emboîtez le couvercle sur le haut de la tour.
13. Éventuellement, ajoutez des fenêtres.

LES TOURS RONDES

1. Sur un grand rouleau, découpez deux fentes de façon à pouvoir l'emboîter sur le côté du château droit.
2. Peignez deux petits rouleaux et les trois grands rouleaux (dont le rouleau fendu).
3. Pendant qu'ils sèchent, réalisez les 5 toits restants (voir Les toits des tours rondes, p. 209).
4. Sur le rouleau fendu, réalisez des colombages avec le masking tape de 3 mm, comme pour la grosse tour ronde,. Collez les toits sur le haut des tours.
5. Réalisez éventuellement les fenêtres : des petites rondes pour les petites tours et des grandes pointues pour les grandes tours.
6. Collez une petite tour en haut de chaque coin du devant du château fort.
7. Pour finir, emboîtez la tour fendue sur le château.

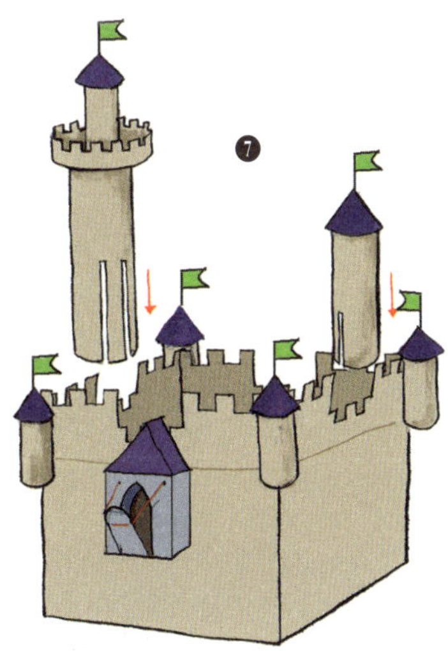

L'ENTRÉE DU CHÂTEAU

1. Peignez le petit paquet de céréales et laissez-le sécher.

2. D'un côté, découpez une ouverture ronde. Conservez la partie découpée.

3. De l'autre côté, en prenant soin de laisser le bas de l'ouverture intact, découpez une ouverture légèrement pointue vers le haut : c'est le pont-levis.

4. Peignez l'intérieur du pont-levis.

5. Pendant qu'il sèche, reportez la partie découpée sur le château fort. Pour bien déterminer l'emplacement du pont-levis, utilisez un petit rouleau de carton et créez l'ouverture juste au-dessus. Si vous ne souhaitez pas faire de pont, vous pouvez faire cette ouverture en bas du carton.

6. Percez deux trous dans le pont-levis et deux trous sur la façade du carton.

7. Coupez un grand bout de ficelle. Nouez une extrémité et passez l'autre par un des trous de la façade (côté intérieur, non peint). Puis, dans un trou sur le pont, ensuite dans l'autre trou du pont et, enfin, dans le dernier trou côté façade. En tirant sur la ficelle, le pont-levis se relève.

8. Coupez dans du papier cartonné de couleur un rectangle de 15 x 5 cm. Pliez ce rectangle en deux. Découpez le gabarit petit toit et assemblez-le en collant les languettes du triangle sur le rectangle plié.

9. Collez ce toit sur le château fort au-dessus de l'ouverture.

10. Collez l'entrée « pont-levis » sur le château fort, sous le toit.

7

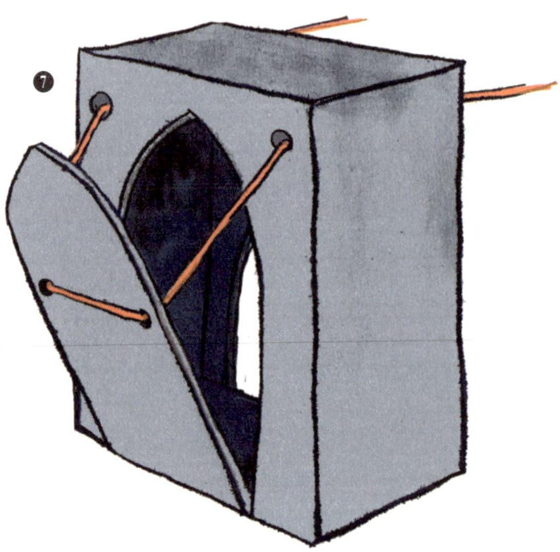

LE PONT POUR ARRIVER AU CHÂTEAU FORT

1. Ouvrez le paquet de biscuits de façon à avoir un petit côté à une extrémité et un grand côté à l'autre.
2. Supprimez ce grand côté en le découpant.
3. Sur les languettes du paquet : d'un côté, percez un trou au milieu des trois languettes, de l'autre coupez la grande languette du milieu et les angles des deux petites languettes.
4. Peignez un côté du paquet d'une couleur.
5. Attendez que ça sèche, puis peignez l'autre côté d'une couleur différente.
6. Du côté extérieur du pont, peignez les languettes trouées de la même couleur que le château.
7. Quand tout est sec, repliez le pont en utilisant le sens de pliage de la boîte et placez-le sous l'entrée du château. Placez les languettes trouées de chaque côté de l'entrée et percez des trous sur la façade du château aux points de contact.
8. Assemblez le pont et le château en insérant les trois attaches parisiennes dans les trous, la tête côté extérieur. Écartez les pattes de l'attache côté intérieur du château.
9. Vous pouvez maintenant maintenir la ficelle du pont-levis en l'entortillant autour des pattes de l'attache la plus proche. Pour maintenir le pont droit pendant la suite des opérations, aidez-vous du dernier petit rouleau de carton en le glissant sous le pont ouvert.
10. Reportez au crayon sur les deux grandes tours la largeur des languettes. Si vous avez collé les fenêtres, faites attention au sens : les tours seront placées de chaque côté du pont. Aussi les fenêtres doivent-elles être placées face à vous.
11. Découpez ces fentes et insérez les languettes du pont dedans. Positionnez les tours de chaque côté du pont.

1 2 3

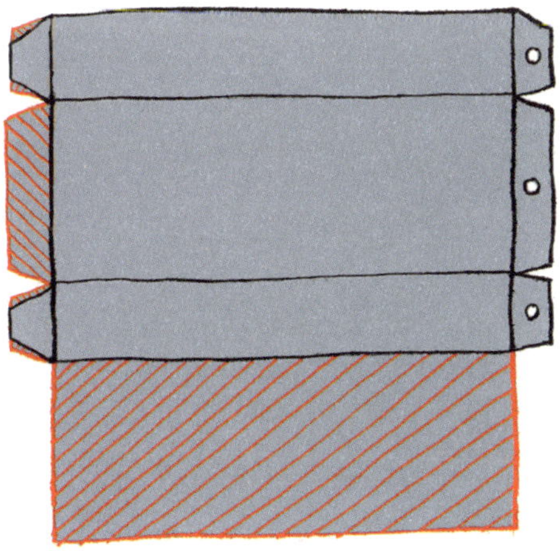

11

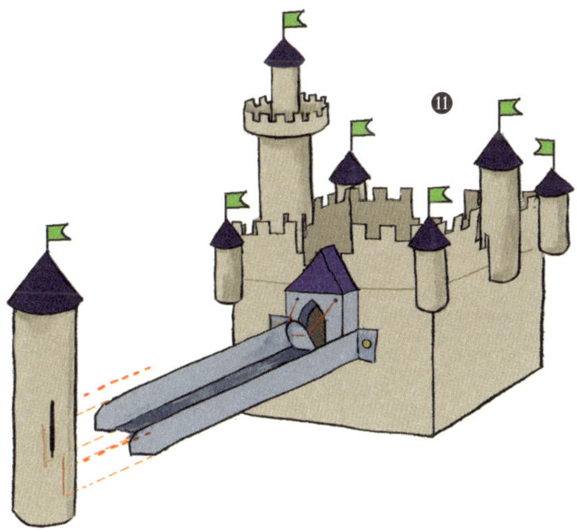

RÉALISATION

LA PASSERELLE

1. Dans la petite brique de jus de fruits, découpez la partie avec le bec verseur, de façon à ne garder qu'un rectangle.
2. Découpez la partie supérieure en laissant une marge de 3 cm.
3. Sur le côté, découpez deux fenêtres pointues.
4. Peignez l'extérieur. Nettoyez immédiatement les éventuelles taches de peinture faites à l'intérieur.

LA TOUR CARRÉE

1. Retirez le bouchon verseur de la grande brique de jus de fruits et peignez-la.
2. Pendant qu'elle sèche, découpez un rectangle de 15 cm x 10 cm dans du papier cartonné et pliez-le en deux pour faire le toit. Reportez et découpez deux exemplaires du gabarit du grand toit. Les deux triangles sont à coller sur le rectangle plié en deux.
3. Quand la tour est sèche, reportez les mesures de l'extrémité non découpée de la passerelle sur un de ses côtés.
4. Découpez ce carré.
5. Avec le masking tape de 3 mm, réalisez les colombages sur la tour carrée.
6. À présent, emboîtez la passerelle d'un côté dans la tour carrée et de l'autre dans le château fort.
7. Posez le toit sur la tour carrée. Ajoutez éventuellement une fenêtre.

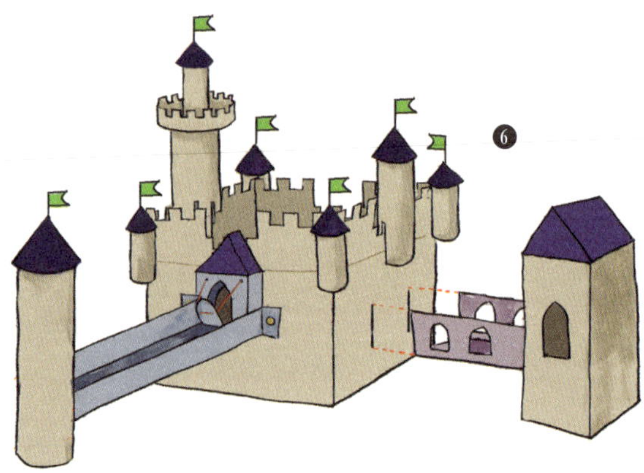

RÉALISATION

LES TOITS DES TOURS RONDES

1. Dans du papier cartonné de couleur, découpez un cercle de 8 cm de diamètre pour les petites tours et de 10 cm de diamètre pour les grandes tours.
2. Coupez une fente jusqu'au centre du disque, puis formez un cône avec ce disque, qui fera le toit. Agrafez ou collez pour maintenir le cône en place.
3. Découpez la pointe du cône.
4. Découpez un rectangle de masking tape, placez un cure-dents au milieu (pointe en bas) et repliez le masking tape en deux.
5. Découpez un petit triangle sur l'extrémité du masking tape pour former le drapeau.
6. Enfoncez le cure-dents dans le cône. Renforcez avec de la colle si nécessaire.

LES FENÊTRES

1. Pour les grandes tours, utilisez le gabarit des fenêtres des grandes tours. Pour les autres tours, utilisez le gabarit des fenêtres des petites tours. Dans du papier cartonné orange, reportez et découpez une fenêtre pleine. Dans une autre couleur, reportez, découpez et évidez le contour de la fenêtre.
2. Collez ces deux découpages l'un sur l'autre.
3. Collez la fenêtre ainsi obtenue sur la tour.

Bravo : votre château est prêt ! À vous les aventures de chevaliers et de princesses !

5

FABRIQUER SES DÉGUISEMENTS

Jupette sans couture • Accessoires de pirate • Costume d'indien(ne)

ON DISAIT QUE TU M'AURAIS PAS RECONNU(E)...

Entre 5 et 8 ans, votre enfant est en quête d'identification. Le déguisement va lui permettre d'explorer le champ des possibles, d'expérimenter les attributs et les qualités qu'il aimerait posséder. Se déguiser, c'est changer de personnalité, se transformer pour ressembler aux grandes personnes. Le choix du costume est donc symbolique. Le personnage choisi lui permet d'exprimer ce dont il a besoin à un moment de son développement.

Certains accessoires seront « magiques », lui conférant alors le pouvoir d'agir à sa guise, sans souci des règles. Déguisé, il n'est plus l'enfant fragile dépendant de l'adulte. Il est grand et fort, il se sent maître des événements, sans trop de risques toutefois, car il peut à tout moment retirer son masque et redevenir « votre enfant ».

Le déguisement permet aussi d'extérioriser ses peurs et de les dompter. Ma cadette (4 ans et demi), quand elle est arrivée à sa nouvelle école, a imité le loup pendant une semaine des abords de l'école jusqu'à l'arrivée dans sa classe. Le dernier jour de ces matins un peu bizarres pour moi, elle m'a expliqué qu'elle faisait le loup quand il y avait beaucoup d'enfants et beaucoup d'adultes... Elle a ainsi apprivoisé sa peur en devenant la marionnettiste incarnée d'une créature réputée féroce. Caché sous son déguisement, votre enfant pourra vivre ses pulsions agressives, acquérir le potentiel de transgression, l'audace d'un personnage (comme le clown, par exemple), lâcher son trop-plein d'émotion, exprimer sa féminité... tout en sachant que « c'est pour de faux ». Certains enfants n'aiment pas se déguiser car ils ont, malgré tout, peur de se perdre un peu, même si ce n'est que le temps d'un carnaval.

La capacité à rêver et l'imagination de votre enfant sont aussi mises à l'épreuve car, pour que le personnage vive, il lui faut inventer l'histoire qui va avec…

Dans les activités qui suivent, vous pourrez, ensemble, fabriquer trois panoplies différentes. Votre enfant sera ravi de participer à l'élaboration de son costume. Il voudra sûrement en réaliser d'autres. Laissez libre cours à sa créativité en installant une malle dans sa chambre, avec divers accessoires – chapeaux, lunettes, masques, gants, etc. – et de vieux vêtements : un déguisement n'a pas besoin d'être très élaboré, puisque c'est surtout de son imagination dont votre enfant se pare.

ACTIVITÉ D'INTÉRIEUR

JUPETTE SANS COUTURE

ÂGE CONCERNÉ : **à partir de 6 ans**

DURÉE DE L'ACTIVITÉ : **de 1 h à 2 h**

MATÉRIEL

- **Du tulle en rouleau ou coupé en bande de 7 à 10 cm**
- **Du ruban de grande largeur**
- **Une paire de ciseaux**
- **Un mètre ruban de couturière**

Quelle petite fille ne rêve pas d'être une fée ou une princesse ? Voici un déguisement simple et rapide, car sans couture (si, c'est vrai !), qui pourra être refait selon les envies de votre fille. Ainsi, selon les couleurs du tulle, votre enfant sera une pirate (rouge et noir), une Reine des neiges (bleu et blanc), une princesse (blanc et doré), une ballerine (rose et blanc), une fée (vert et mauve), etc. Vous pourrez également varier les longueurs. Et, en prime, elle aura le plaisir de l'avoir fait elle-même !

RÉALISATION

LA JUPETTE

1. Mesurez la distance de la taille au genou de votre fille. Coupez des bandes de tulle de deux fois cette longueur et ajoutez 5 cm.
2. Mesurez le tour de taille de votre fille avec un mètre ruban ou une ficelle si vous n'en avez pas. Coupez un morceau de ruban correspondant à deux fois cette mesure.
3. Pliez ce ruban en deux et reportez la moitié de la mesure de la taille de part et d'autre de cette pliure. Marquez le ruban au crayon.
4. Commencez au milieu : pliez une bande de tulle en deux, passez la boucle de la pliure sous le ruban, puis faites passer les extrémités de la bande dans la boucle pour nouer. Serrez fort.
5. Recommencez sur toute la longueur entre vos deux marques, en alternant les couleurs si vous en avez choisi plusieurs.
Voilà, la jupe est prête ! Il ne vous reste plus qu'à la nouer autour de la taille de votre fille et à réaliser un beau nœud avec le ruban restant. Vous pouvez découper un triangle aux extrémités du ruban pour obtenir un joli rendu.

4

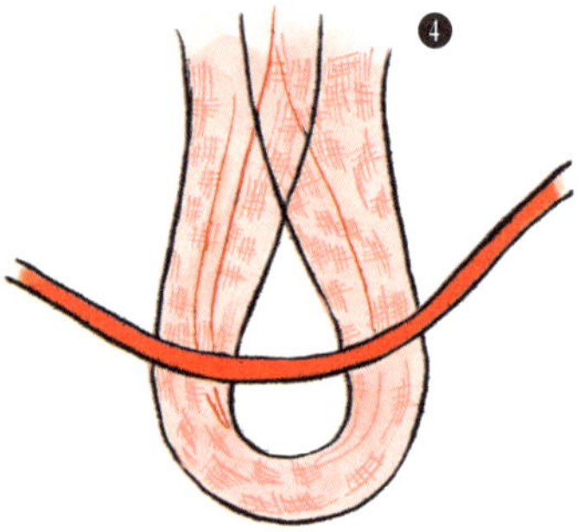

4

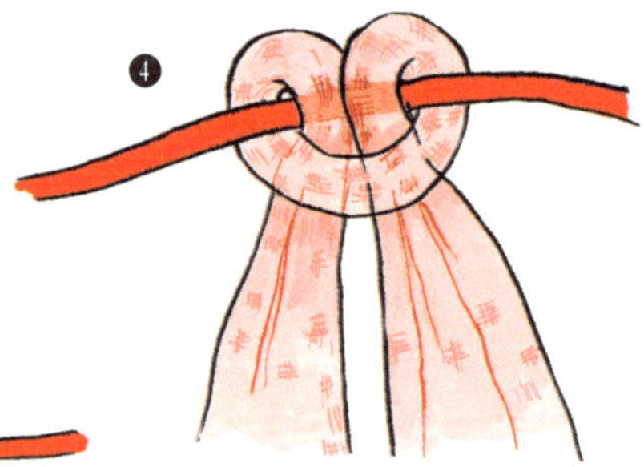

5

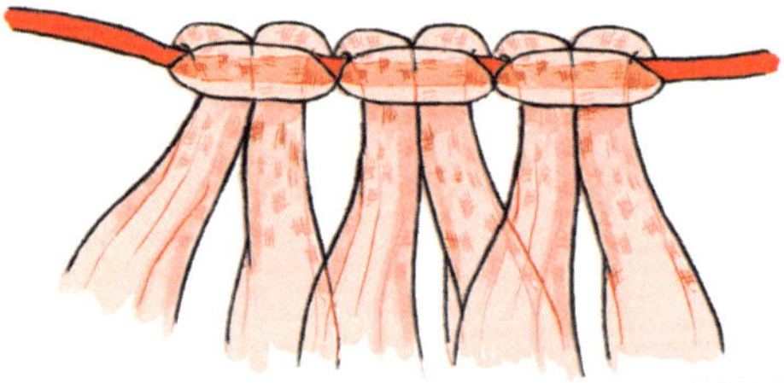

L'IDÉE EN PLUS

Pour donner plus d'épaisseur à votre jupe, ajoutez un autre niveau de bande plus courte, que vous nouerez entre deux bandes longues. Vous pouvez aussi, plutôt que de plier vos bandes en deux, les plier de façon à obtenir deux longueurs différentes, en mettant la partie la plus courte sur le dessus. Enfin, vous pouvez utiliser aussi de l'organza à la place du tulle pour réaliser cette jupe.

ACTIVITÉ D'INTÉRIEUR

ACCESSOIRES DE PIRATE

ÂGE CONCERNÉ : **à partir de 4 ans**

DURÉE DE L'ACTIVITÉ : **1 h 30**

MATÉRIEL

- Les gabarits (p. 252)
- Une feuille de papier cartonnée noire A4
- Un crayon ou un marqueur blanc
- De l'élastique à chapeau
- Du carton d'emballage ou une cagette en carton
- Un rouleau en carton d'essui-tout
- Un gobelet
- Du papier d'aluminium
- Du masking tape
- De la peinture argentée
- De la peinture noire et d'autres couleurs de votre choix
- Des strass à coller ou autocollants
- Une paire de ciseaux
- Un cutter
- De la colle

Les pirates sont un des thèmes préférés des enfants. Pour un carnaval ou pour un anniversaire, voici une tenue complète et très simple à faire, avec peu de matériel.

RÉALISATION

LE CHAPEAU

1. Pliez votre feuille de carton noir en deux. Positionnez et recopiez le gabarit du chapeau sur la pliure (repère A sur la pliure). Découpez le contour, faites un trou sur le rond, puis dépliez le chapeau.

2. Avec un crayon ou un marqueur blanc, faites des points ou des traits régulièrement sur tout le bord du chapeau. Vous pouvez coller des strass pour décorer.

3. Mettez le chapeau sur la tête de votre enfant et coupez un morceau d'élastique en fonction de son tour de tête. Fixez-le ensuite sur le chapeau.

LE CACHE-ŒIL

1. Reportez le gabarit sur le reste de carton noir. Découpez et percez les trous.

2. Nouez un élastique au niveau des trous.

LE SABRE DE PIRATE

1. Reproduire ou agrandir le gabarit proposé et reportez-le sur le carton d'emballage, puis découpez-le.

2. Peignez la lame avec de la peinture argentée et la poignée avec une autre couleur.

3. Collez éventuellement des strass pour décorer le sabre.

LA LONGUE-VUE

1. Peignez le rouleau de carton en doré ou en noir.

2. À chaque extrémité et un peu en dessous de la moitié du rouleau, collez une bande de masking tape qui contraste avec la peinture utilisée.

RÉALISATION

LE CROCHET

1. Décorez le gobelet en plastique façon pirate (rouge, noir, etc.). Utilisez du masking tape pour aller plus vite.
2. Découpez deux grands rectangles de 25 cm x 30 cm dans le papier d'aluminium.
3. Superposez-les et repliez tous les bords.
4. Repliez un des bords courts et roulottez jusqu'au bout.
5. Serrez bien le rouleau ainsi formé et donnez-lui la forme d'un crochet.
6. Découpez, à l'aide d'un cutter, une croix sur le fond du gobelet en plastique.
7. Insérez le crochet dans le trou formé par la croix. Votre enfant tiendra son crochet par l'intérieur, en tenant dans sa main la branche d'aluminium.

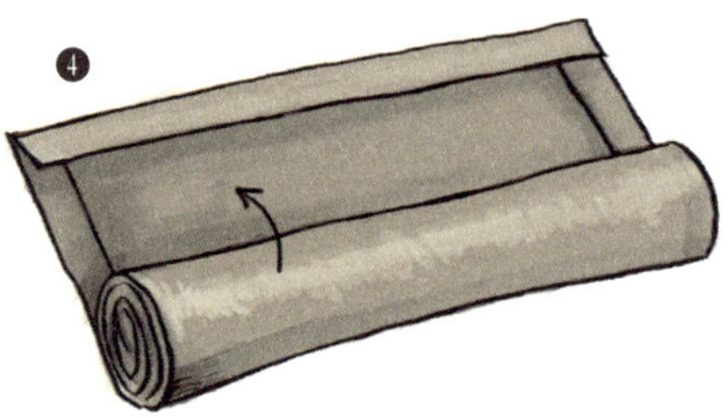

L'IDÉE EN PLUS

Réalisez une tunique de pirate : après en avoir supprimé les parties ourlées, découpez en pointe le bas, le col et les manches d'un grand tee-shirt. Ajoutez une ceinture rouge (bout de tissu ou bande découpée dans un tee-shirt rouge que vous ne mettez plus).

Pour les filles, réalisez une jupe de pirate en prenant exemple sur la jupe de princesse de ce livre, mais avec des bandes de tulle rouges et noires.

Pour la longue-vue, vous pouvez aussi enrouler le tube en carton dans du papier cadeau rayé rouge et blanc. Fixez-le avec du ruban adhésif et ajoutez aux extrémités du masking tape.

ACTIVITÉ D'INTÉRIEUR ET D'EXTÉRIEUR

COSTUME D'INDIEN(NE)

ÂGE CONCERNÉ : **à partir de 6 ans**

DURÉE DE L'ACTIVITÉ : **1 h 30**

MATÉRIEL

- Un tee-shirt L ou XL en coton
- Un crayon à papier
- Des marqueurs textiles
- Une paire de ciseaux
- Des plumes, des perles et de la ficelle

Jouer aux Indiens ! Un classique, certes, mais qui ne se démode jamais.... Saviez-vous qu'à partir de pas grand-chose, vous pouvez réaliser de vos propres mains une superbe tunique d'Indien(ne) ? Essayez, vous verrez son sourire à l'annonce de l'atelier et sa fierté quand il aura revêtu sa tunique !

RÉALISATION

LE COSTUME

1. Découpez les parties cousues en bas du tee-shirt et en bas des manches. Réservez-les, car elles serviront plus tard.
2. Pliez le bas du tee-shirt pour faire une pointe en rabattant les deux bas-côtés sur le milieu.
3. Marquez le pli en appuyant avec votre ongle.
4. Avec les ciseaux, frangez le bas du tee-shirt en bandes de 1 à 2 cm, en suivant le pli marqué et en coupant les deux épaisseurs ensemble.
5. Quand vous avez fini de couper, tirez sur les bandes pour accentuer le côté franges.
6. Faites de même dans chaque manche en coupant jusqu'à la couture de l'épaule, et sans oublier de tirer sur les bandes coupées.
7. À l'aide d'un crayon, dessinez les motifs sur le haut des manches et sur le devant de la tunique. Les motifs amérindiens sont le plus souvent géométriques : triangles, losanges, ronds, mais vous pouvez aussi ajouter des animaux, des tipis, etc. N'hésitez pas à raconter une histoire avec les dessins !
8. Un des bas de manche découpé va servir de coiffe : repérez la couture qui va à l'arrière de la tête et décorez le devant du bandeau.
9. Coupez deux morceaux de ficelle d'environ 20-25 cm.
10. Avec les plumes, réalisez un bouquet. Enfilez une perle à l'extrémité du bouquet pour le maintenir.

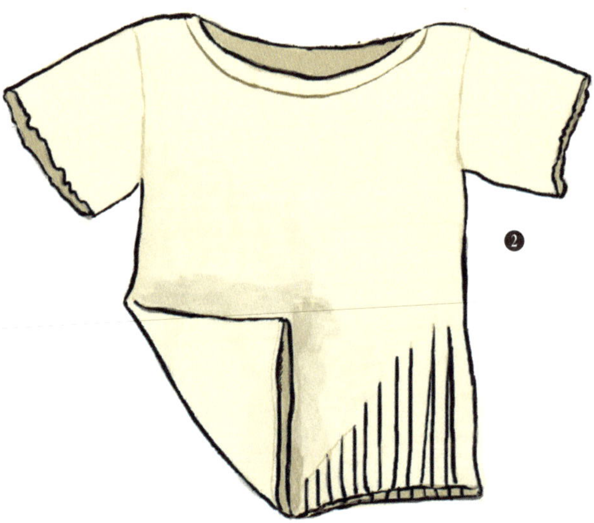

RÉALISATION

11. Nouez le bouquet de plumes à une extrémité de chaque ficelle.
12. Enfilez des perles et emboîtez la pointe des plumes dans les perles.
13. Réalisez encore un ou plusieurs bouquets de plumes, à votre convenance, que vous nouerez le long de la ficelle.
14. Nouez les ficelles de chaque côté du bandeau.
15. Le bas du tee-shirt qui a été découpé au début va servir de ceinture. Vous pouvez la décorer avec les marqueurs textiles et des plumes. Coupez-la sur la couture et nouez-la autour de la taille de votre enfant.
Votre costume d'Indien(ne) est prêt !

13

L'IDÉE EN PLUS

Transformez l'autre bas de manche en bracelet de main ou de cheville.
Prenez un rouleau d'essuie-tout et des brindilles pour faire un carquois et des flèches, et collez des triangles de masking tape à une extrémité des brindilles.
Utilisez une branche fine et de la ficelle pour compléter la panoplie avec un arc.

6

LES INTELLIGENCES MULTIPLES

Intelligence logico-mathématique • Intelligence visuo-spatiale • Intelligence interpersonnelle • Intelligence corporelle kinesthésique • Intelligence verbale-linguistique • Intelligence intrapersonnelle • Intelligence musicale • Intelligence naturaliste • Table des activités par type d'intelligence

Pour chaque intelligence, cochez la case qui convient le mieux à votre enfant, puis comptez les points correspondant à chaque case (non = 0 ; un peu, mais rarement= 1 ; oui, souvent = 2 ; c'est très important pour lui = 3). Pour finir, calculez le total pour chaque intelligence.

Ces données n'ont pas une visée scientifique, mais vous orientent sur les intelligences de votre enfant tel que vous le connaissez au moment du positionnement. Les trois intelligences qui capitalisent le plus de points sont ses intelligences dominantes. Au fil des ans, ce profil peut évoluer.

INTELLIGENCE LOGICO-MATHÉMATIQUE

C'est la capacité à bien raisonner, à bien compter, à bien calculer, à bien analyser, à tenir un raisonnement logique, à résoudre des problèmes, à ordonner le monde et à émettre des hypothèses. C'est aussi la capacité à réaliser des déductions et à résoudre des énigmes.
Elle est particulièrement développée chez les mathématiciens et les scientifiques, les ingénieurs, les enquêteurs, les chercheurs, les juristes, etc. Einstein est représentatif de cette forme d'intelligence.

MON ENFANT	NON (=0)	UN PEU, MAIS RAREMENT (=1)	OUI	C'EST TRÈS IMPORTANT POUR LUI (=3)
Pose souvent les questions « pourquoi » et « comment »	☐	☐	☐	☐
Veut raisonner sur les choses	☐	☐	☐	☐
Aime les jeux de stratégie, y gagne souvent	☐	☐	☐	☐
Veut souvent savoir « ce qui arrivera ensuite »	☐	☐	☐	☐
Pense de façon « séquentielle »	☐	☐	☐	☐
Aime résoudre des énigmes	☐	☐	☐	☐
Total pour l'intelligence logico-mathématique				

INTELLIGENCE VISUO-SPATIALE

C'est la capacité à créer des images mentales, à visualiser, à observer et à percevoir le monde visible avec précision dans ses trois dimensions.

Elle est particulièrement développée chez les architectes, les paysagistes, les peintres, les sculpteurs, les naturalistes, ceux qui tentent d'expliquer l'univers, les stratèges de champ de bataille, les metteurs en scène, etc. Le Corbusier est un bon exemple de cette intelligence.

MON ENFANT	NON (=0)	UN PEU, MAIS RAREMENT (=1)	OUI	C'EST TRÈS IMPORTANT POUR LUI (=3)
Lit facilement les graphiques et les cartes, a un bon sens de l'orientation	☐	☐	☐	☐
À beaucoup d'imagination	☐	☐	☐	☐
Aime concevoir, dessiner, faire des puzzles ainsi que des labyrinthes	☐	☐	☐	☐
Aime agencer harmonieusement l'espace, les objets et les surfaces	☐	☐	☐	☐
Se souvient avec des images et a besoin de dessins pour comprendre	☐	☐	☐	☐
Aime l'art sous toutes ses formes	☐	☐	☐	☐
Total pour l'intelligence visuo-spatiale				

INTELLIGENCE INTERPERSONNELLE

C'est la capacité à entrer en relation avec autrui, à être sensible aux autres et à les comprendre. C'est la capacité à percevoir les intentions, les motivations et les émotions des autres et à interragir de façon correcte. Elle permet l'empathie, la coopération et la tolérance.

Elle est particulièrement développée chez les politiciens, les enseignants, les formateurs, les consultants, les conseillers, les vendeurs et les personnes chargées des relations publiques. Mère Teresa utilisait cette intelligence.

INTELLIGENCE INTERPERSONNELLE

MON ENFANT	NON (=0)	UN PEU, MAIS RAREMENT (=1)	OUI	C'EST TRÈS IMPORTANT POUR LUI (=3)
Entre bien et facilement en relation, se mélange et s'adapte facilement	☐	☐	☐	☐
Aime être avec les autres et a beaucoup d'amis	☐	☐	☐	☐
Aime bien les activités de groupe	☐	☐	☐	☐
Est habituellement le/la leader d'un groupe ou l'organisateur/organisatrice	☐	☐	☐	☐
A une bonne écoute, est habile en résolution de conflits et joue au médiateur	☐	☐	☐	☐
Est habile à négocier, à motiver et peut se montrer persuasif/persuasive (parfois manipule)	☐	☐	☐	☐
Total pour l'intelligence interpersonnelle				

INTELLIGENCE CORPORELLE KINESTHÉSIQUE

C'est la capacité à utiliser son corps d'une manière fine et élaborée, à s'exprimer à travers le mouvement et à être habile avec les objets.

Elle est particulièrement développée chez les danseurs, les acteurs, les athlètes, les mimes, les chirurgiens, les artisans et les mécaniciens. Zinédine Ziddane en est un bon exemple.

INTELLIGENCE CORPORELLE KINESTHÉSIQUE

MON ENFANT	NON (=0)	UN PEU, MAIS RAREMENT (=1)	OUI	C'EST TRÈS IMPORTANT POUR LUI (=3)
Contrôle bien les mouvements de son corps	☐	☐	☐	☐
Aime toucher	☐	☐	☐	☐
Est habile en travaux manuels	☐	☐	☐	☐
Aime faire du sport	☐	☐	☐	☐
Aime jouer la comédie, faire du mime, imiter les autres	☐	☐	☐	☐
Apprend mieux en bougeant, aime faire des expériences ; se trémousse sur sa chaise et se lève en classe	☐	☐	☐	☐
Total pour l'intelligence corporelle kinesthésique				

INTELLIGENCE VERBALE-LINGUISTIQUE

C'est la capacité à utiliser des mots et le langage sous différentes formes, de façon claire et précise. Elle nous permet de communiquer efficacement avec les autres.

Elle est particulièrement développée chez les écrivains, les poètes, les orateurs, les avocats, les hommes politiques, les publicitaires, les journalistes, etc. Victor Hugo est un exemple pour cette intelligence.

MON ENFANT	NON (=0)	UN PEU, MAIS RAREMENT (=1)	OUI	C'EST TRÈS IMPORTANT POUR LUI (=3)
Parle constamment	☐	☐	☐	☐
À une bonne mémoire des dates et des noms	☐	☐	☐	☐
Aime raconter des histoires et en écouter	☐	☐	☐	☐
Aime lire	☐	☐	☐	☐
Fait des jeux avec des mots (mots croisés, Scrabble®, etc.)	☐	☐	☐	☐
Aime faire des jeux de mots, des calembours	☐	☐	☐	☐
Total pour l'intelligence verbo-linguistique				

INTELLIGENCE INTRAPERSONNELLE

C'est la capacité à avoir une bonne connaissance de soi-même, de ses forces et de ses faiblesses. C'est la capacité à tirer profit de l'expérience.
Cette forme d'intelligence est particulièrement développée chez les écrivains, les « sages », les philosophes et les mystiques.

MON ENFANT	NON (=0)	UN PEU, MAIS RAREMENT (=1)	OUI	C'EST TRÈS IMPORTANT POUR LUI (=3)
Connaît bien ses capacités, ses forces, ses faiblesses, ses limites	☐	☐	☐	☐
Aime lire	☐	☐	☐	☐
Aime réfléchir, apprécie la solitude	☐	☐	☐	☐
Écrit un journal intime	☐	☐	☐	☐
Sait se motiver personnellement	☐	☐	☐	☐
Sait aller chercher de l'aide quand il ou elle en a besoin.	☐	☐	☐	☐
Total pour l'intelligence intrapersonnelle				

INTELLIGENCE MUSICALE

C'est la capacité à être sensible aux sons, aux structures rythmiques et musicales, aux tonalités, aux mélodies. C'est aussi la capacité de penser en rythmes et en mélodies, de reconnaître des modèles musicaux, de les mémoriser, de les interpréter, d'en créer, d'être sensible à la musicalité des mots et des phrases…
Elle est, bien entendu, particulièrement développée chez les musiciens (compositeurs, exécutants, chefs d'orchestre), et chez tous les techniciens du son (ingénieur du son, fabricant d'instruments de musique, accordeurs). Elle se retrouve aussi chez les poètes, et dans les cultures à forte tradition orale. Chopin avait cette intelligence en dominante.

INTELLIGENCE NATURALISTE

C'est la capacité à être sensible à la nature, à comprendre, à raisonner et à résoudre les problèmes dans l'environnement naturel. C'est aussi la capacité à reconnaître, à catégoriser et à classifier, notamment dans le domaine de la flore et de la faune.
Elle est particulièrement développée chez le naturaliste, qui sait reconnaître et classifier les plantes et les animaux ; chez ceux qui s'intéressent au fonctionnement de la nature, du biologiste au psychologue et du sociologue à l'astronome. Yann Arthus-Bertrand est un bon exemple pour cette intelligence.

INTELLIGENCE MUSICALE

MON ENFANT	NON (=0)	UN PEU, MAIS RAREMENT (=1)	OUI	C'EST TRÈS IMPORTANT POUR LUI (=3)
Aime fredonner	☐	☐	☐	☐
Aime écouter de la musique	☐	☐	☐	☐
Bat du pied, se met à danser sur le moindre rythme	☐	☐	☐	☐
Est sensible au pouvoir émotionnel de la musique, au son des voix et à leur rythme	☐	☐	☐	☐
Pratique un instrument et aime beaucoup ça	☐	☐	☐	☐
Saisit facilement les accents d'une langue étrangère	☐	☐	☐	☐
Total pour l'intelligence musicale				

INTELLIGENCE NATURALISTE

MON ENFANT	NON (=0)	UN PEU, MAIS RAREMENT (=1)	OUI	C'EST TRÈS IMPORTANT POUR LUI (=3)
Aime organiser des informations, sélectionner, regrouper, faire des listes	☐	☐	☐	☐
Est fasciné par la nature, les animaux et leurs comportements	☐	☐	☐	☐
Est sensible aux plantes, aux environnements naturels des animaux	☐	☐	☐	☐
Aime prendre soin des animaux	☐	☐	☐	☐
Aime réaliser des élevages (de fourmis, de coccinelles, d'escargots…)	☐	☐	☐	☐
Se passionne pour le fonctionnement du corps humain	☐	☐	☐	☐
Total pour l'intelligence naturaliste				

TABLE DES ACTIVITÉS PAR TYPE D'INTELLIGENCE

INTELLIGENCE LOGICO-MATHÉMATIQUE

Fabriquer une voiture qui roule toute seule, p. 20
Envoyer des messages secrets grâce à l'encre sympathique, p. 26
Le cerf-volant, p. 28
Le thaumatrope, p. 32
Le flip book, p. 34
Le praxinoscope, p. 37
La veilleuse féerique, p. 40
La roue de fête foraine, p. 44
Faire des bulles de savon, p. 48
Une girouette, p. 51
Un planeur, p. 55
Une catapulte, p. 58
Un aéroglisseur, p. 61
Un lanceur de pompons, p. 64
Un bateau tuc-tuc, p. 67
Un volcan, p. 72
Fabriquer une lampe à lave, p. 76
Un ballon-fusée, p. 80
Une balance, p. 82
Faire des ombres chinoises, p. 86
L'attrape-rêves, p. 94
Calendrier perpétuel, p. 116
Emploi du temps pyramide, p. 113
Fabriquer du papier à planter, p. 121
Un kokedama, p. 124
Craies géantes, p. 178

INTELLIGENCE VISUO-SPATIALE

Envoyer des messages secrets grâce à l'encre sympathique, p. 26
Le thaumatrope p. 32
Le flip book, p. 34
Le praxinoscope, p. 37
La veilleuse féerique, p. 40
Faire des bulles de savon, p. 48
Un planeur, p. 55
Une catapulte, p. 58
Un lanceur de pompons, p. 64
Faire des ombres chinoises, p. 86
L'attrape-rêves, p. 94
Fabriquer un diorama, p. 109
Un pajaki, p. 142
Compositions autour de formes géométriques, p. 148
Une cage et son oiseau, p. 152
Art Stick, p. 156
Fabriquer ses tampons, p. 160
Une porte de fée, p. 167
Une mini-piñata individuelle, p. 170
Figurines en bois, p. 182
Un garage automobile, p. 190
Un tapis de jeu, p. 185
Faire son circuit de billes, p. 196
Construire un château fort, p. 202
Jupette sans couture, p. 214
Accessoires de pirates, p. 217
Créer son costume d'Indien(ne), p. 221

INTELLIGENCE INTERPERSONNELLE

Envoyer des messages secrets grâce à l'encre sympathique, p. 26
Fabriquer un diorama, p. 109
Une boîte à lettres, p. 134
Une porte de fée, p. 167
Une mini-piñata individuelle
Figurines en bois, p. 182
Un tapis de jeu, p. 185
Jupette sans couture, p. 214
Accessoires de pirates, p. 217
Créer son costume d'Indien(ne), p. 221

INTELLIGENCE CORPORELLE KINESTHÉSIQUE

Fabriquer une voiture qui roule toute seule, p. 20
Le cerf-volant, p. 28
Le thaumatrope, p. 32
Le flip book, p. 34
Le praxinoscope, p. 37
La roue de fête foraine, p. 44
Une girouette, p. 51
Un planeur, p. 55
Une catapulte, p. 58
Un aéroglisseur, p. 61
Un lanceur de pompons, p. 64
Un bateau tuc-tuc, p. 67
Un volcan, p. 72
Un ballon-fusée, p. 80
Une balance, p. 82
Faire des ombres chinoises, p. 86
Les ballons sensoriels, p. 106
Fabriquer du papier à planter, p. 121
Un kokedama, p. 124
Une flûte de Pan, p. 131
Un kazoo, p. 129
Un pot à cactus, p. 164
Craies géantes, p. 178
Un hélicoptère en papier
Faire son circuit de billes, p. 196
La balle qui lévite, p. 200
Jupette sans couture, p. 214
Accessoires de pirates, p. 217
Créer son costume d'Indien(ne), p. 221

INTELLIGENCE VERBALE LINGUISTIQUE

Un carnet de souvenirs, p. 99
Fabriquer un diorama, p. 109
Une boîte à lettres, p. 134
Figurines en bois, p. 182
Un garage automobile, p. 190
Un tapis de jeu, p. 185
Construire un château fort, p. 202
Jupette sans couture, p. 214
Accessoires de pirates, p. 217
Créer son costume d'Indien(ne), p. 221

INTELLIGENCE INTRAPERSONNELLE

L'attrape-rêves, p. 94
Un carnet de souvenirs, p. 99
Les ballons sensoriels, p. 106
Une boîte à lettres, p. 134
Une porte de fée, p. 167

INTELLIGENCE MUSICALE

Une flûte de Pan, p. 131
Un kazoo, p. 129

INTELLIGENCE NATURALISTE

La veilleuse féerique, p. 40
Une girouette, p. 51
Fabriquer du papier à planter, p. 121
Un kokedama, p. 124
Art stick, p. 156
Fabriquer ses tampons, p. 160

7

LES GABARITS

Tous les patrons qui suivent sont à taille réelle.

Le praxinoscope • La roue de fête foraine • Une girouette • Une balance • Un carnet de souvenirs • Emploi du temps pyramide • L'enveloppe de la boîte à lettres • Calendrier perpétuel • Compositions autour de formes géométriques • Une cage et son oiseau • Un hélicoptère en papier • Un pot à cactus • Faire son circuit de billes • Construire un château fort • Accessoires de pirate

LE PRAXINOSCOPE

A

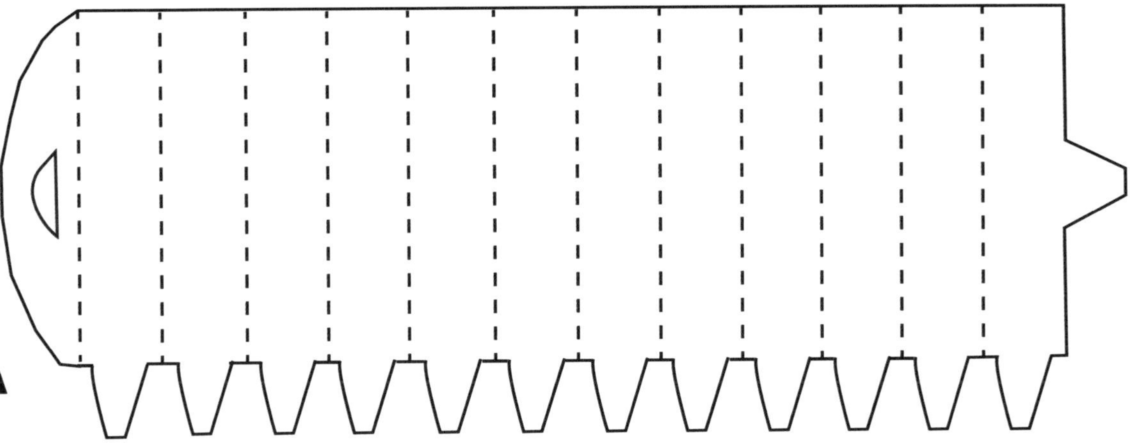

Coupez les contours,
coupez les fentes et
pliez sur les pointillés.

B

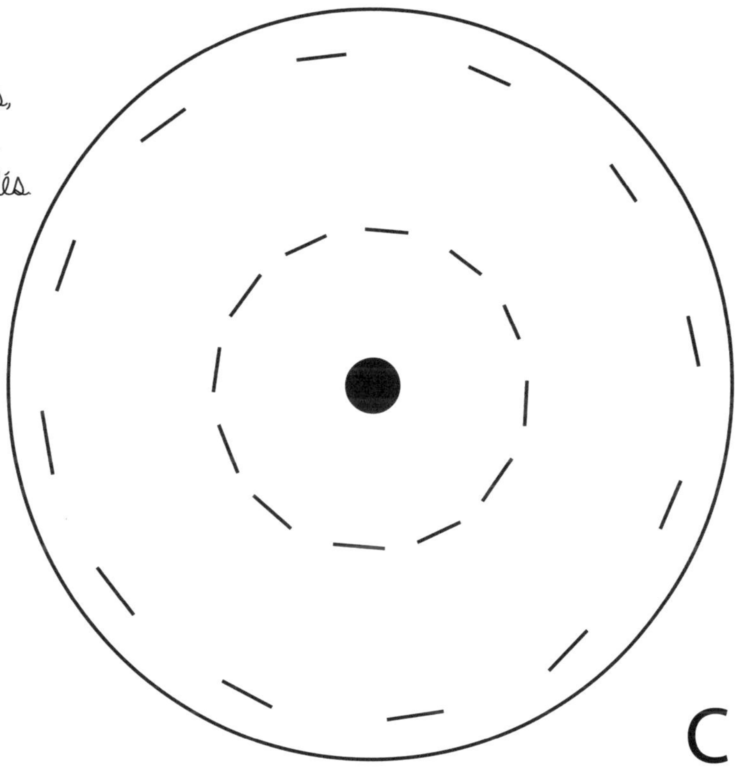

C (x2)

LA GRANDE ROUE (1/2)

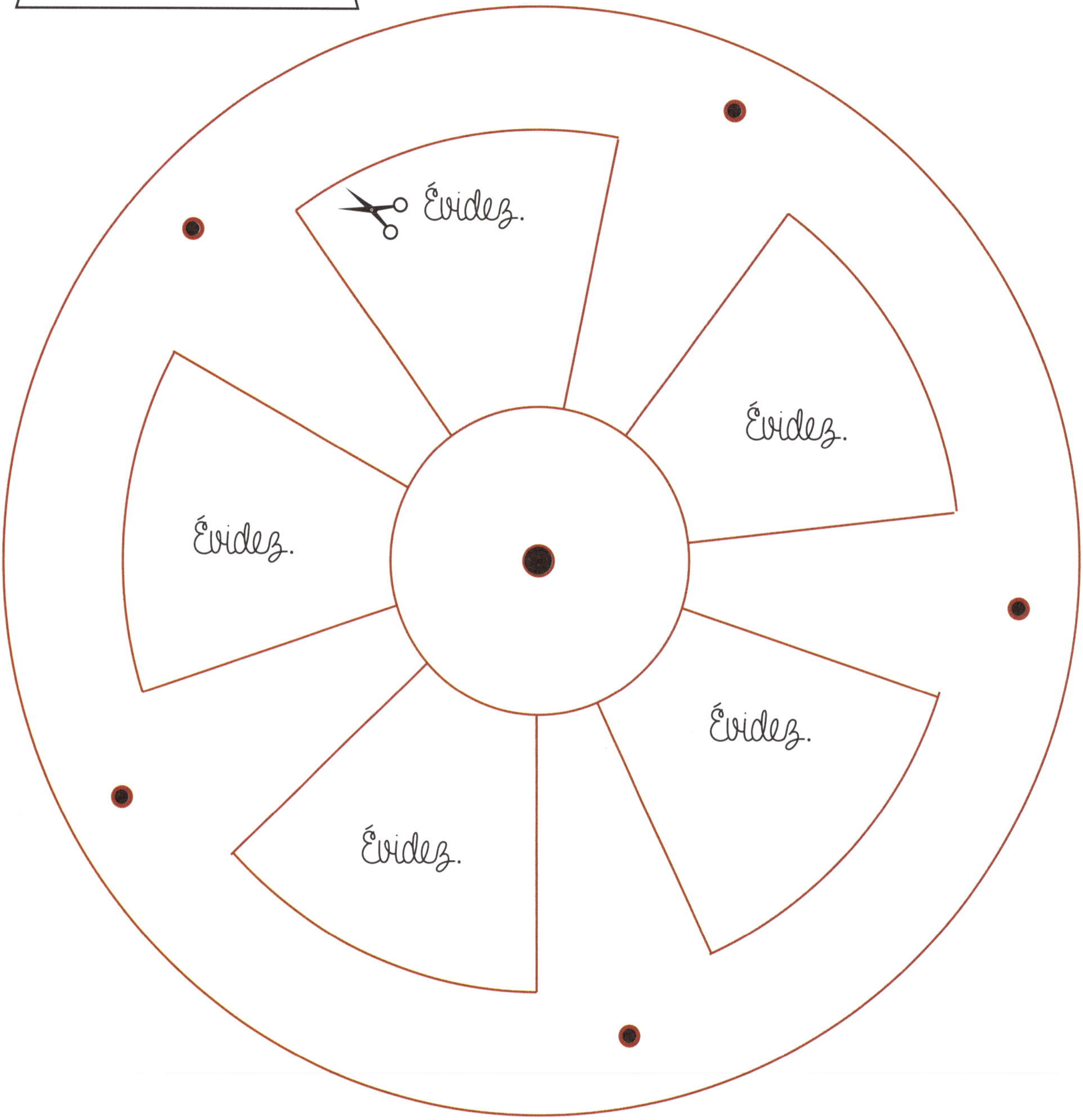

A- La roue, à couper en deux exemplaires.

LA GRANDE ROUE (2/2)

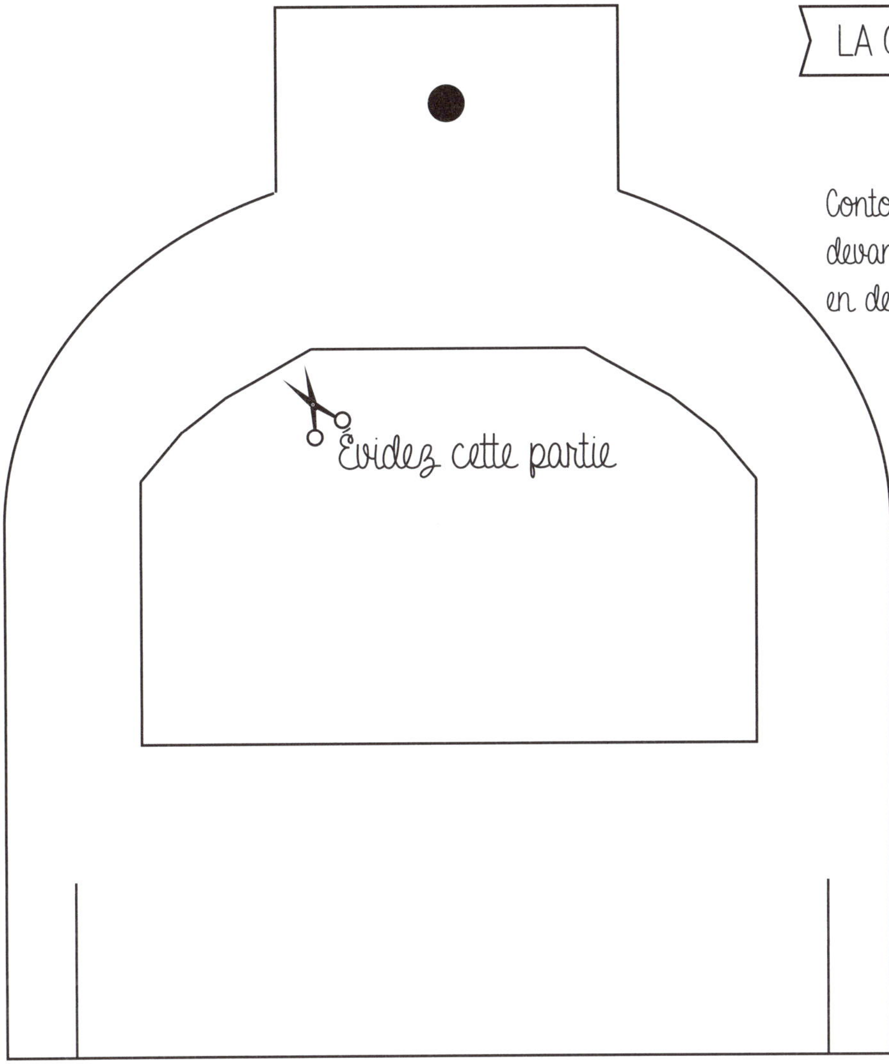

Contours noirs = Pièce B, devant de la roue, à couper en deux exemplaires.

Contours rouges = Pièce C, côté de la roue, à couper en deux exemplaires.

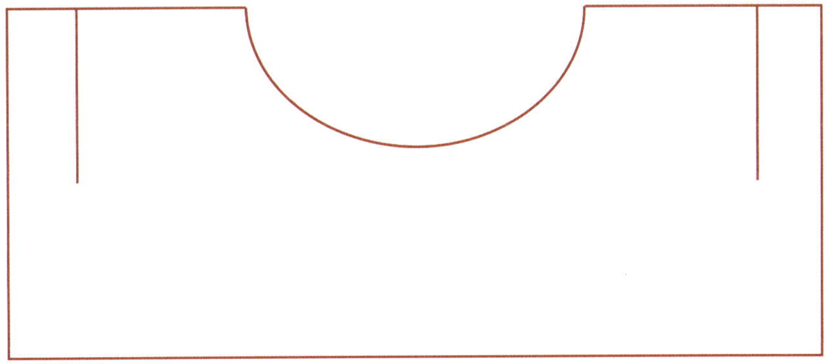

LA GIROUETTE

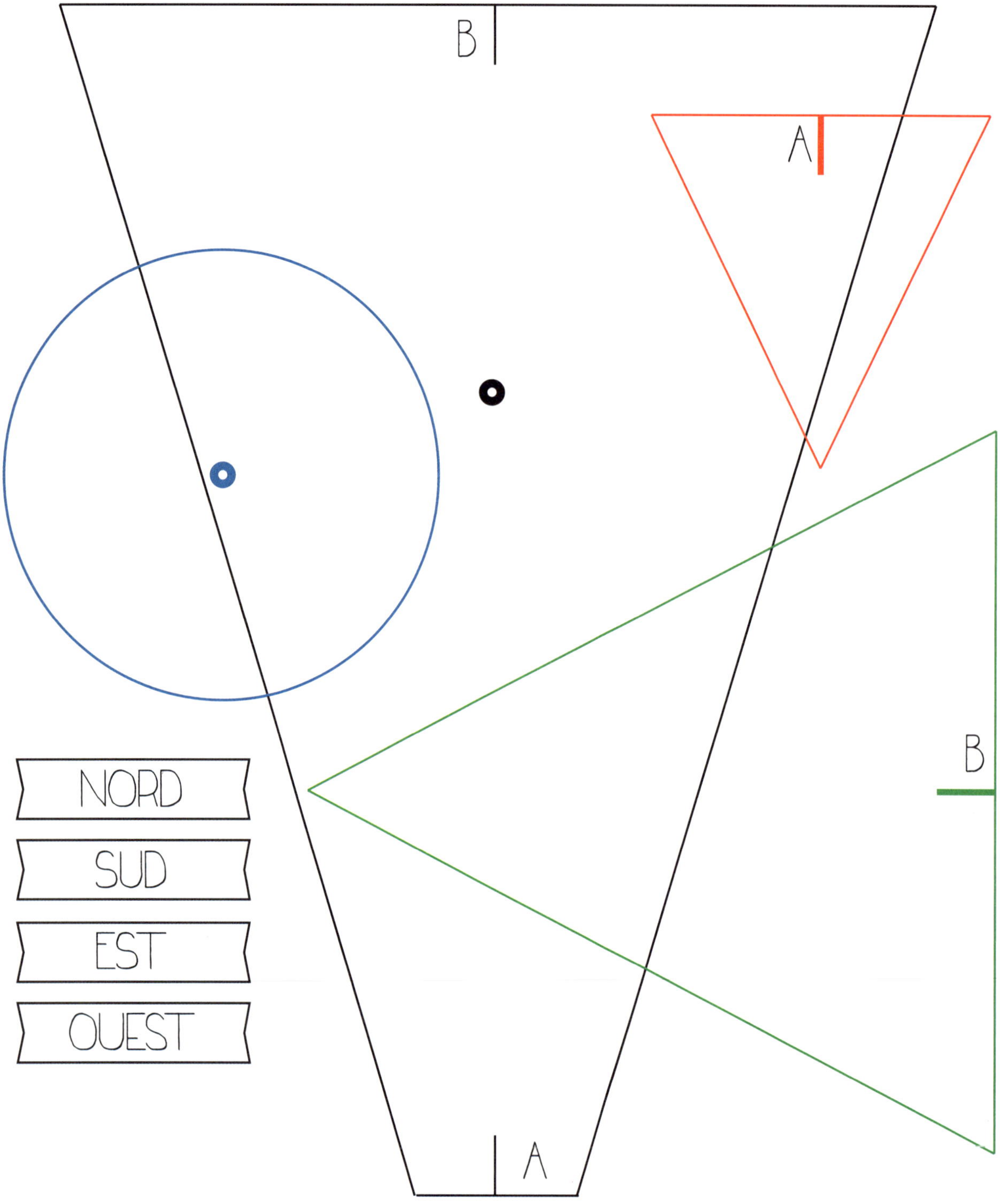

Côté et support de la balance à couper, chacun en deux exemplaires. Coupez aussi les fentes.

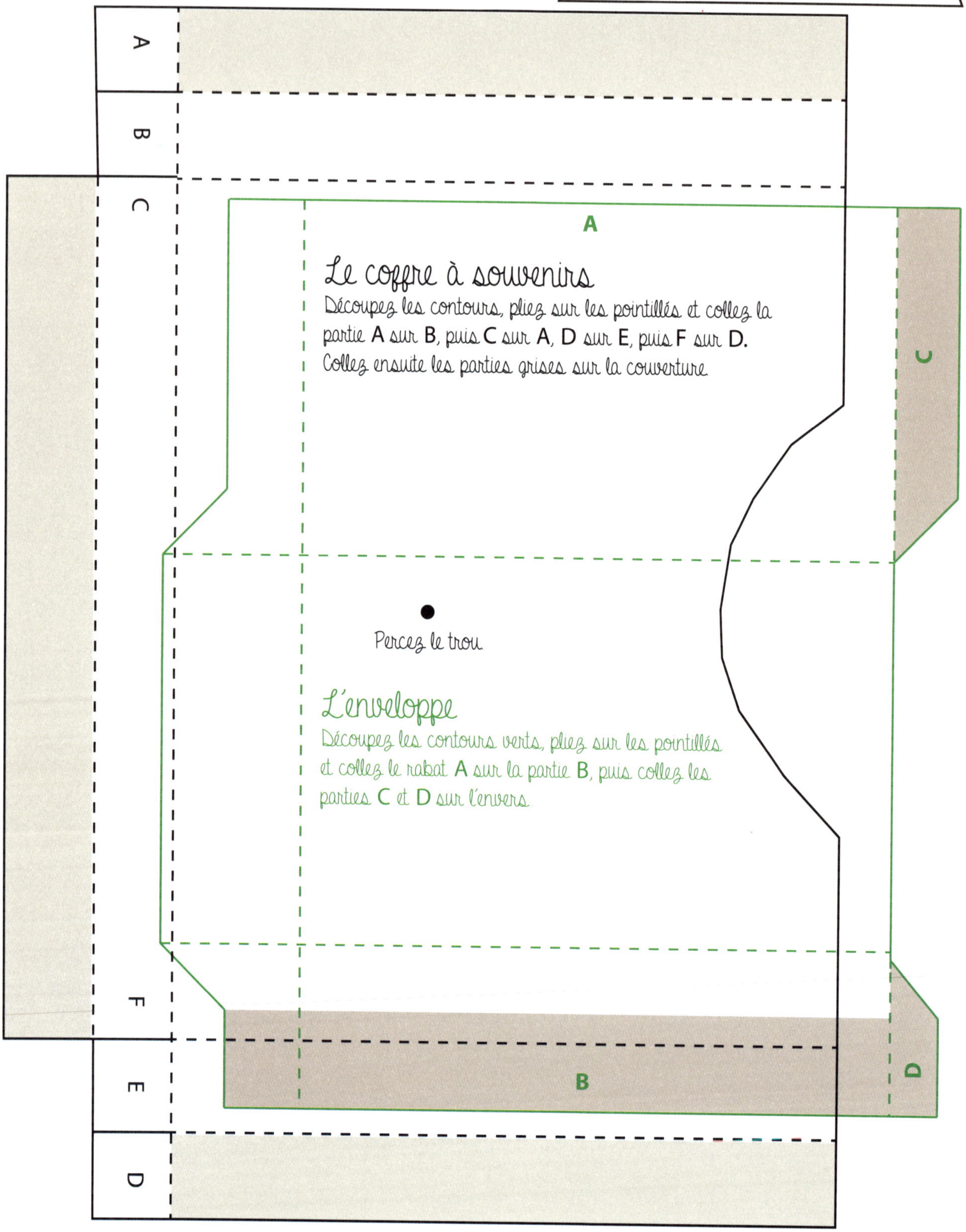

Le coffre à souvenirs

Découpez les contours, pliez sur les pointillés et collez la partie **A** sur **B**, puis **C** sur **A**, **D** sur **E**, puis **F** sur **D**. Collez ensuite les parties grises sur la couverture

L'enveloppe

Découpez les contours verts, pliez sur les pointillés et collez le rabat **A** sur la partie **B**, puis collez les parties **C** et **D** sur l'envers.

Pour chaque partie (une partie noire et une partie rouge), coupez les contours et pliez sur les pointillés. Collez les parties hachurées.

Oeillet : à découper six fois. Percez le centre.

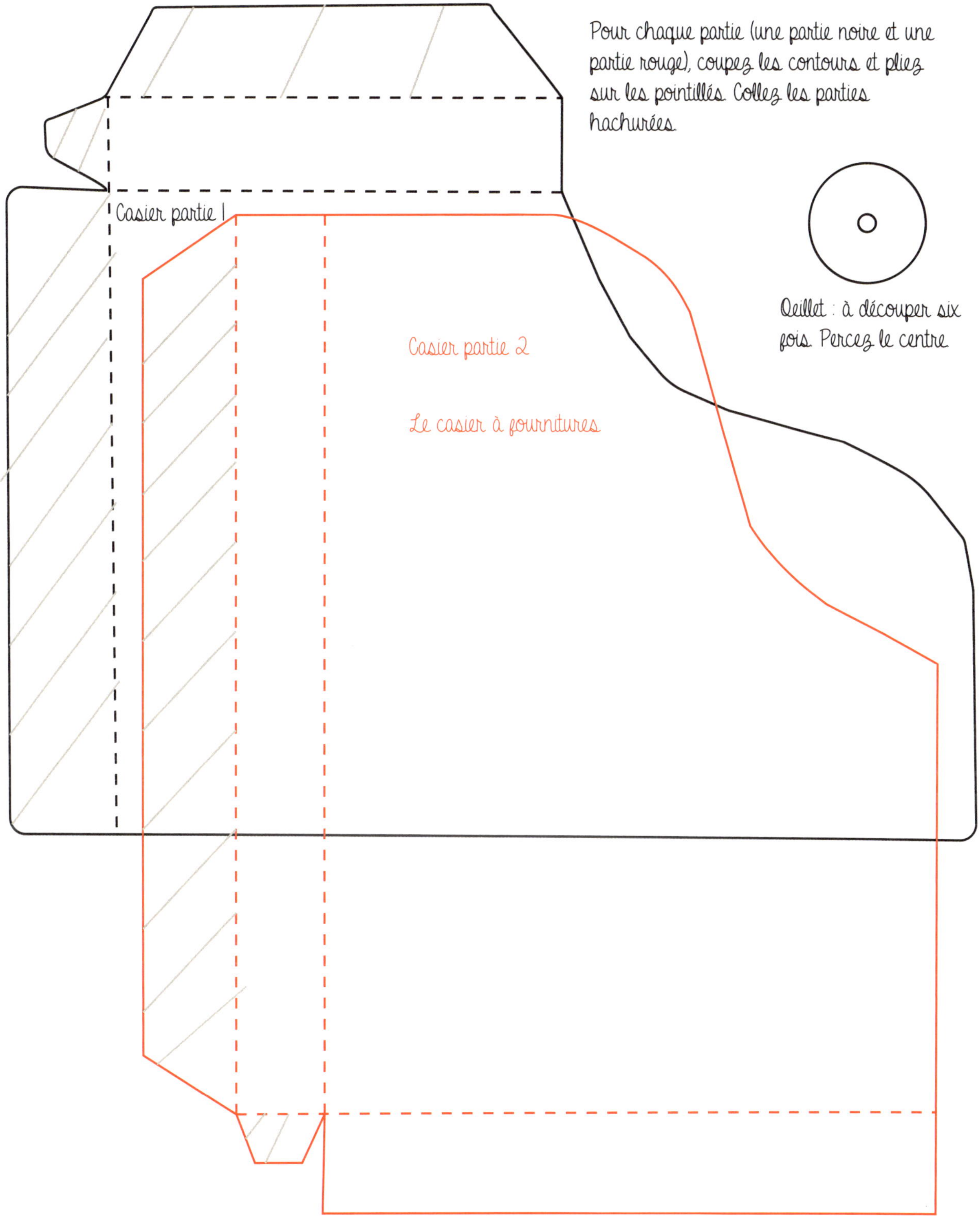

L'EMPLOI DU TEMPS PYRAMIDE

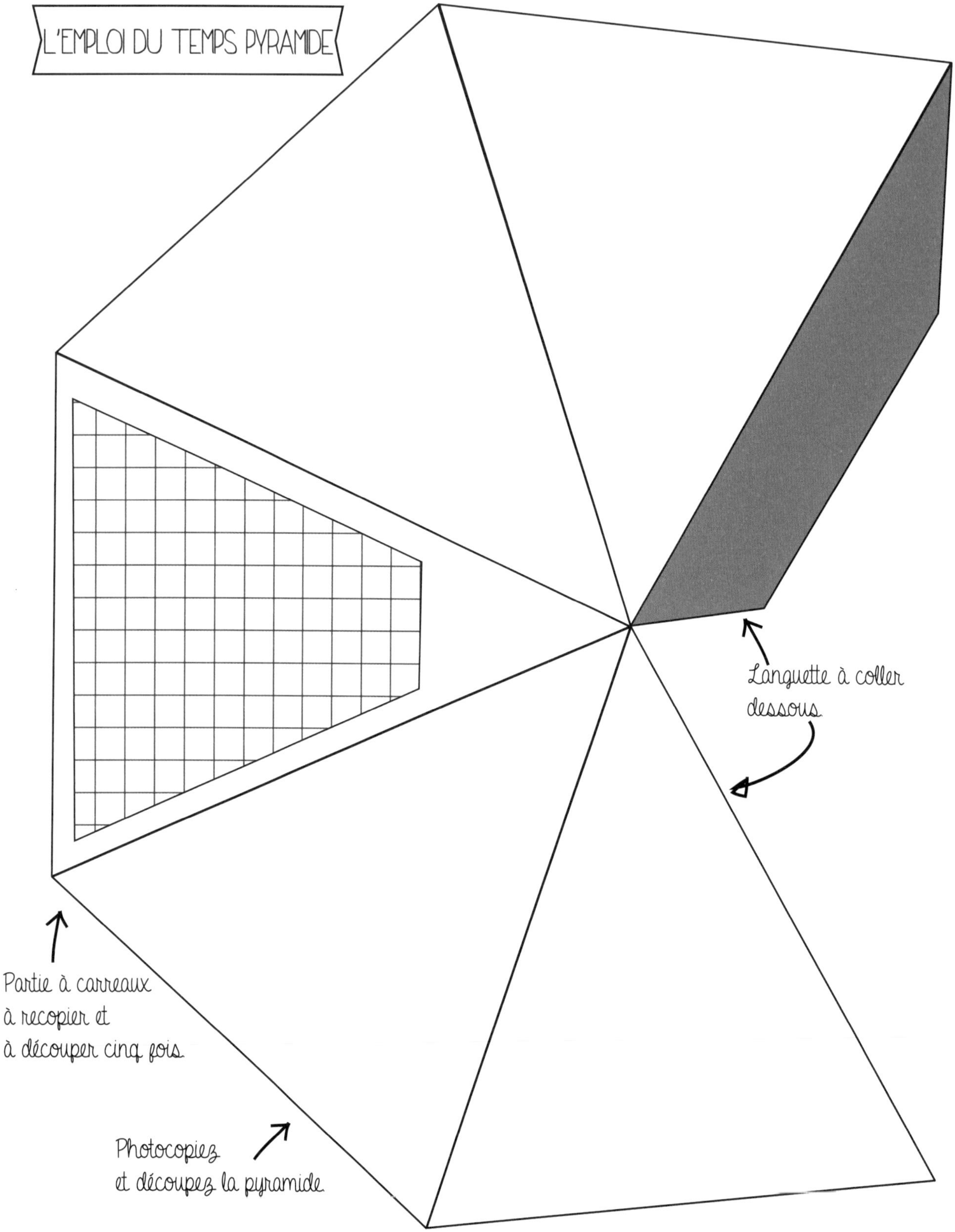

L'ENVELOPPE

Coupez sur les contours et pliez sur les pointillés. Fixez ensuite à la colle la pointe de trois des rabats.

LE CALENDRIER PERPÉTUEL (1/2)

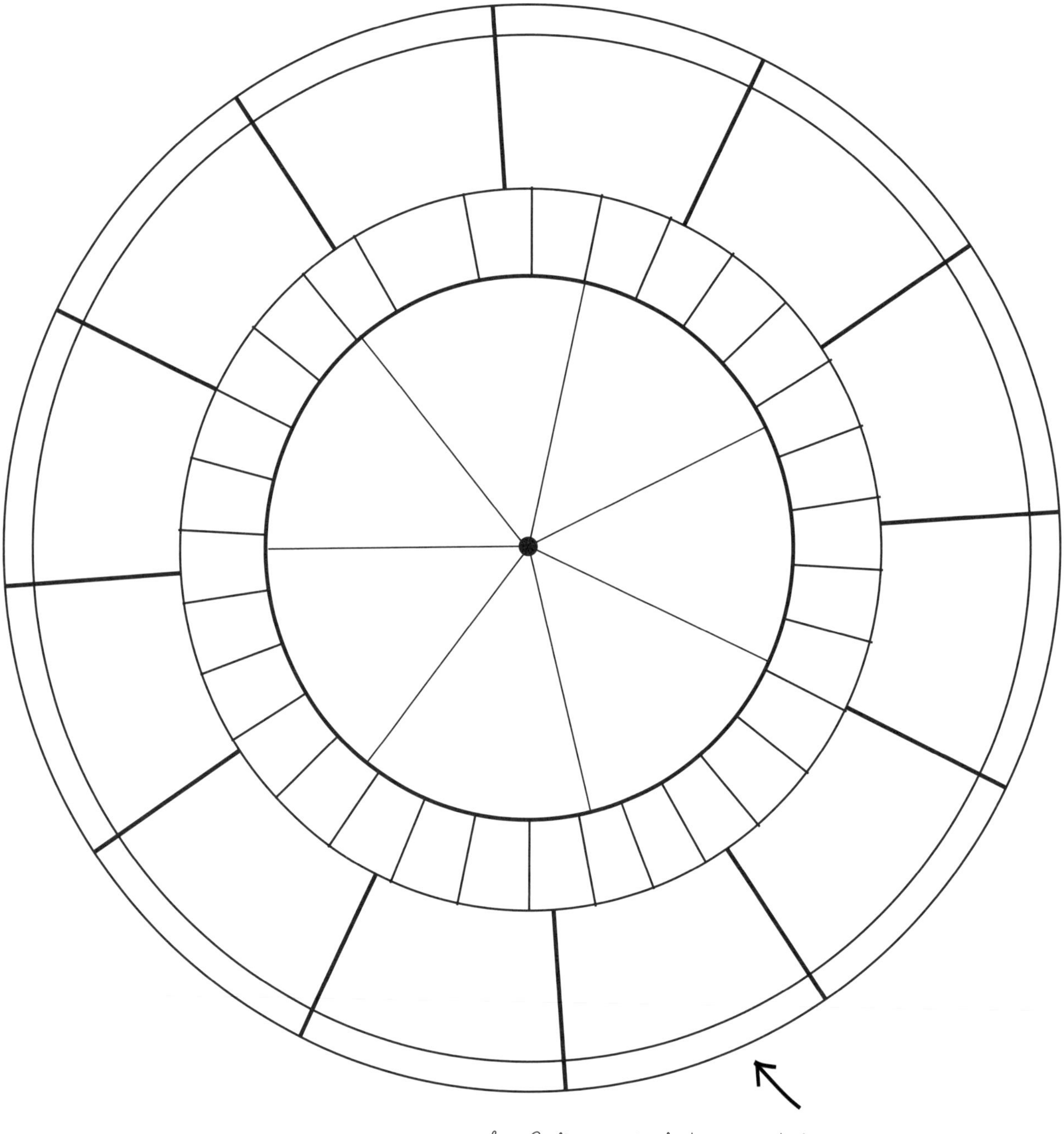

Les 3 disques à photocopier et découper

LE CALENDRIER PERPÉTUEL (2/2)

Les étiquettes à découper et à coller sur les disques.

Sur le petit disque : les jours de la semaine.

Lundi	Mardi	Mercredi	Jeudi	Vendredi

Samedi	Dimanche

Sur le disque du milieu : les chiffres.

1	2	3	4	5	6	7	8	9	10	
11	12	13	14	15	16	17	18	19	20	
21	22	23	24	25	26	27	28	29	30	31

Sur le grand disque : les mois de l'année.

Janvier	Février	Mars	Avril	Mai

Juin	Juillet	Août	Septembre

Octobre	Novembre	Décembre

La languette à évider et à plier.

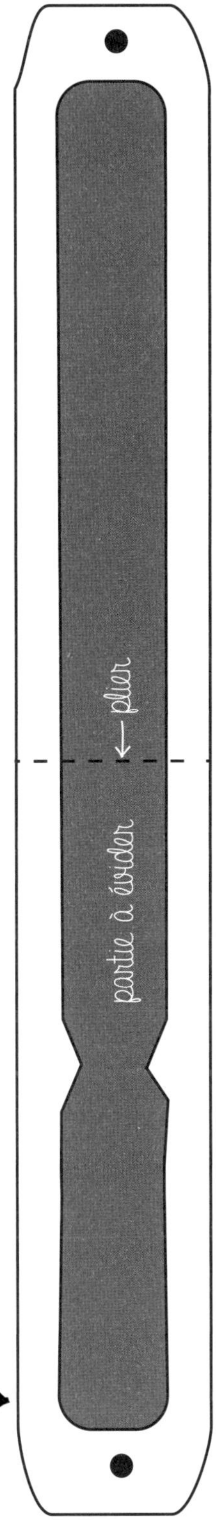

FORMES GÉOMÉTRIQUES

Recopiez ces gabarits plusieurs fois dans du papier cartonné de couleurs différentes. Découpez-les et assemblez-les pour créer des formes, des dessins.

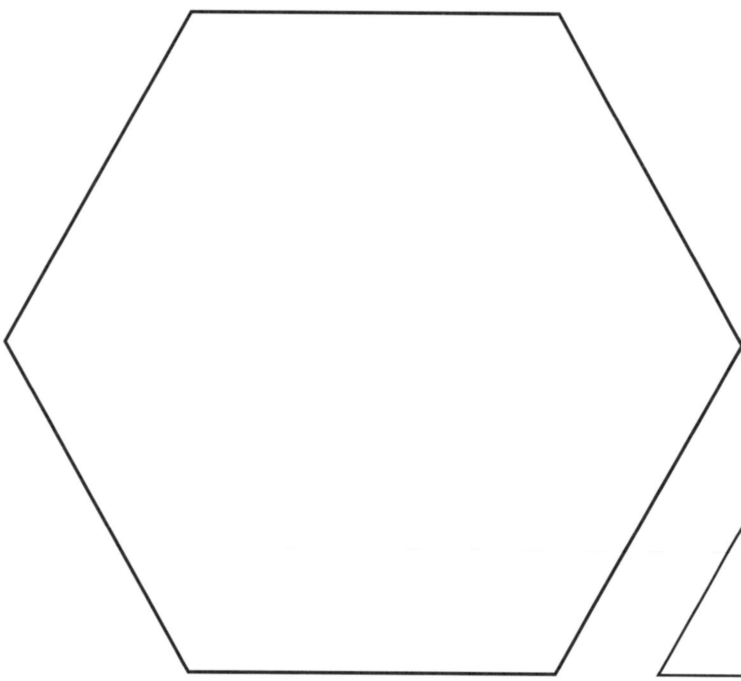

Évidez cette partie

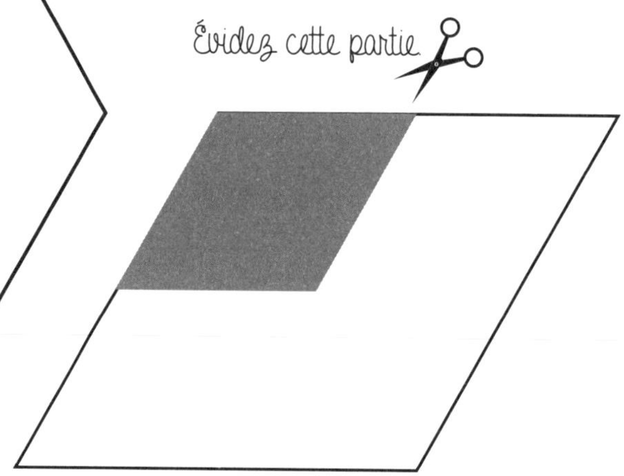

Dans cet hexagone, vous pouvez placer 3 losanges ou 6 triangles.

L'OISEAU

L'HÉLICOPTÈRE EN PAPIER

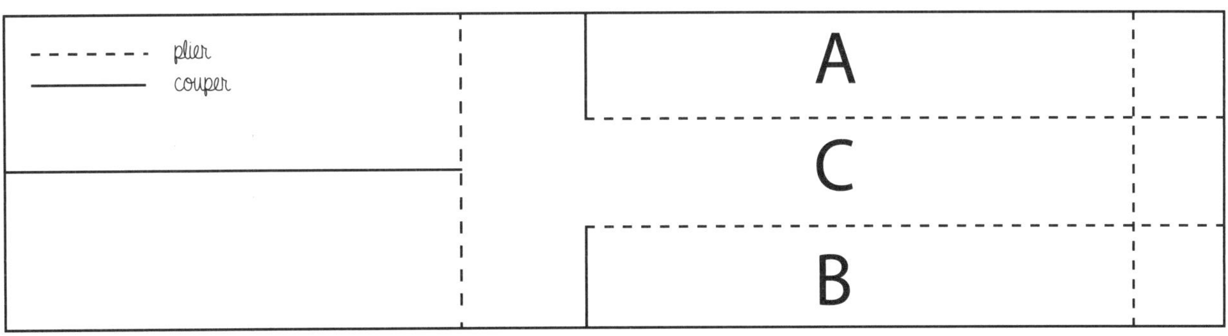

Gabarit de l'hélicoptère en papier

LES CACTUS (1/2)

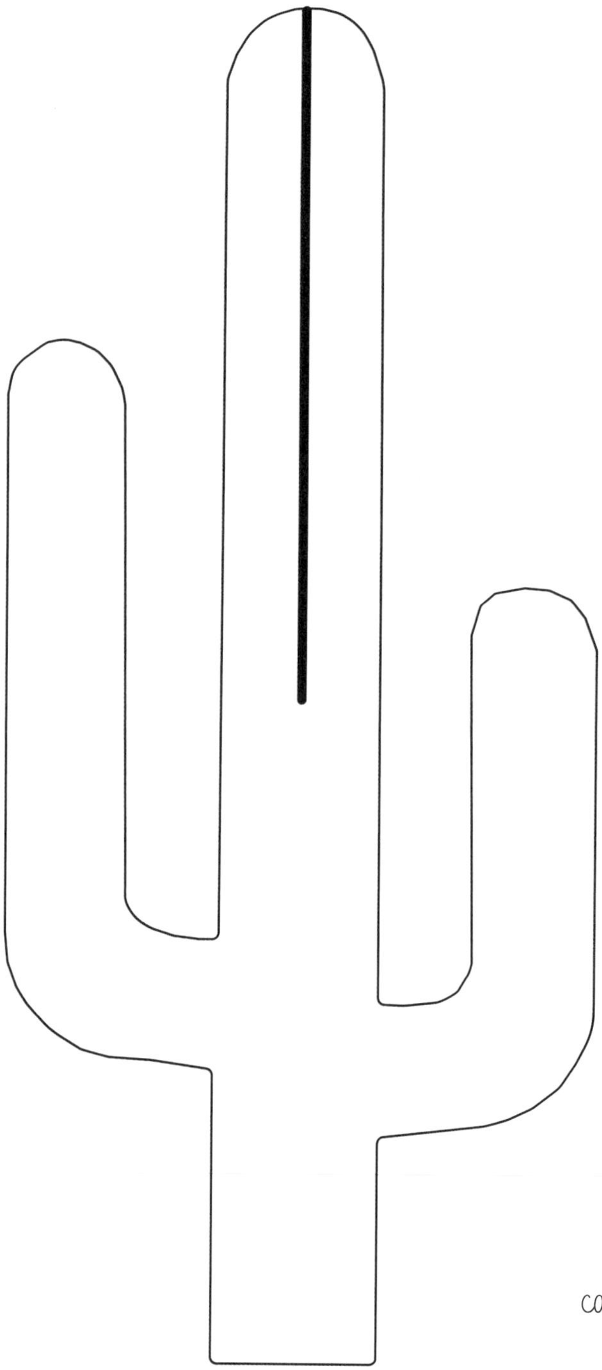

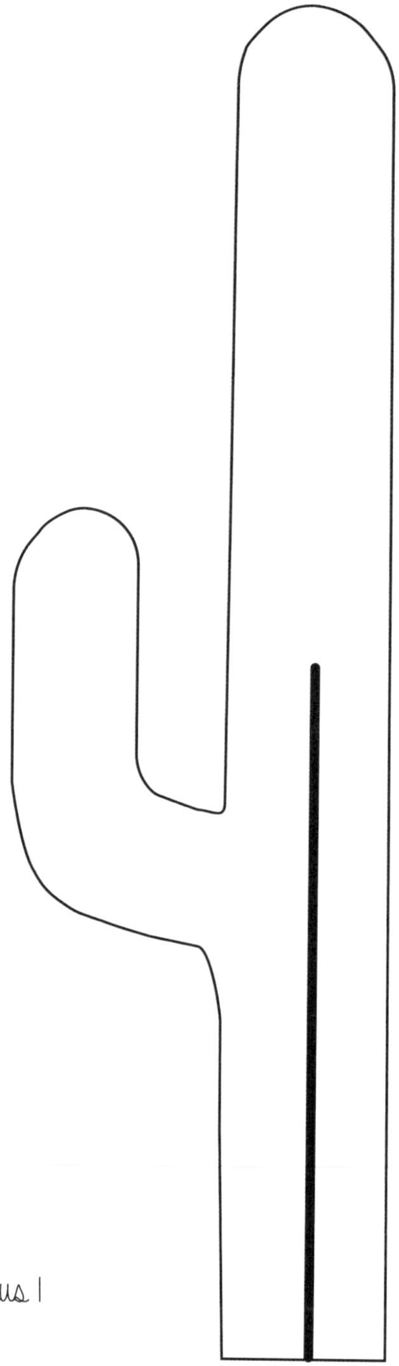

cactus 1

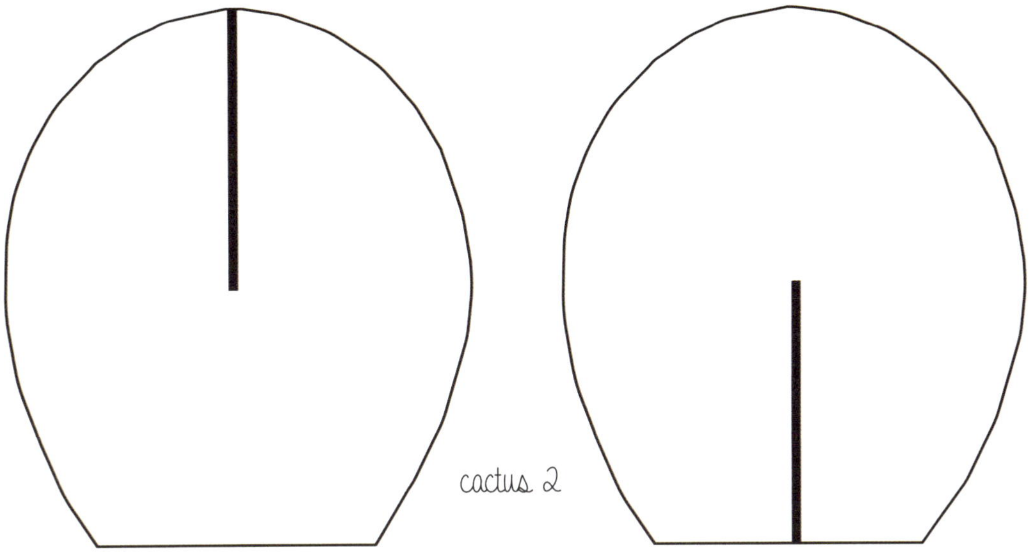

cactus 2

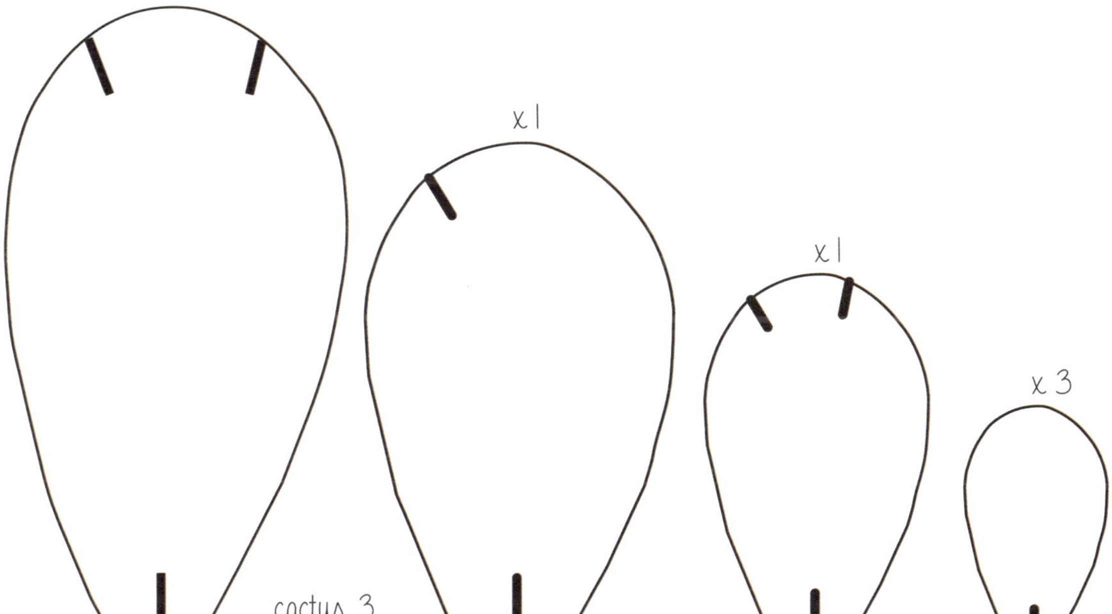

cactus 3

ARRIVÉE

DÉPART

Pliez les languettes grises des portes, puis collez-les sur le circuit à billes.

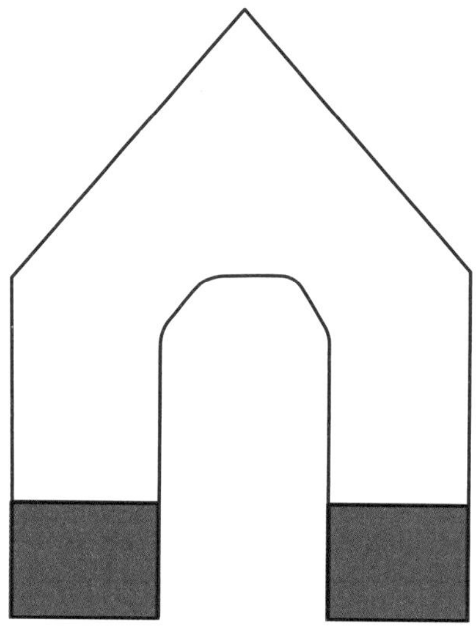

Pliez sur les pointillés, arrondissez pour former un tunnel.

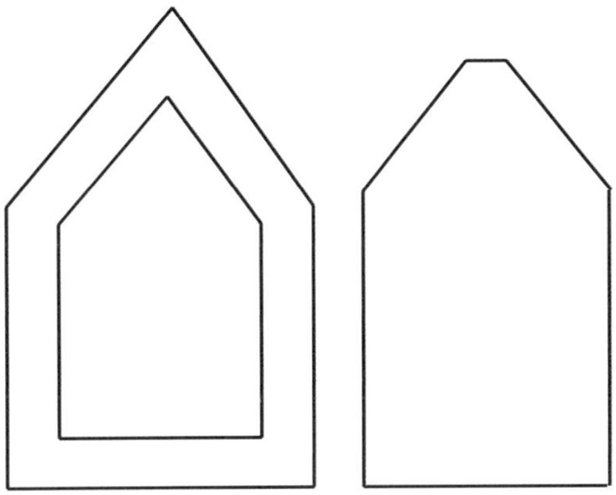

Fenêtres des grandes tours.

Fenêtres des petites tours.

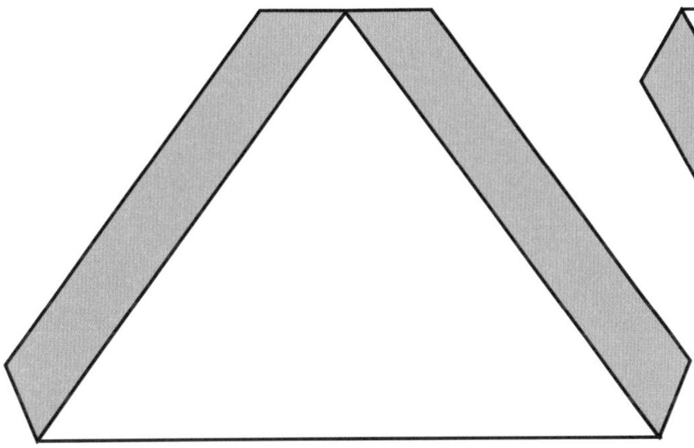

Grand toit à couper en deux exemplaires.

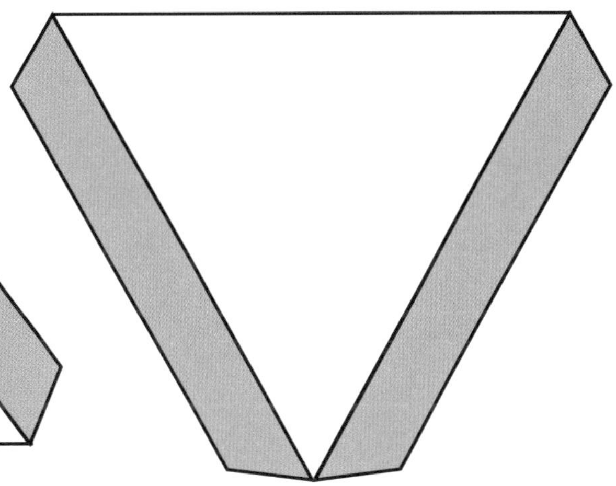

Petit toit à couper en deux exemplaires.

LA TENUE DE PIRATE

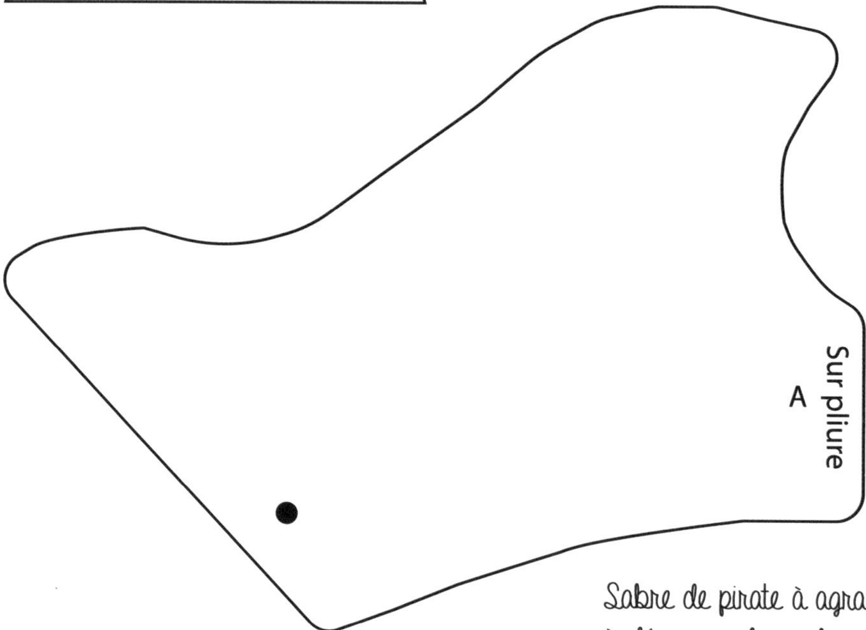

Chapeau de pirate : pliez la feuille en deux
et positionnez la partie **A** du gabarit sur la pliure.
Tracez, puis coupez, dépliez, décorez et ajoutez
l'élastique après avoir percé le rond noir.

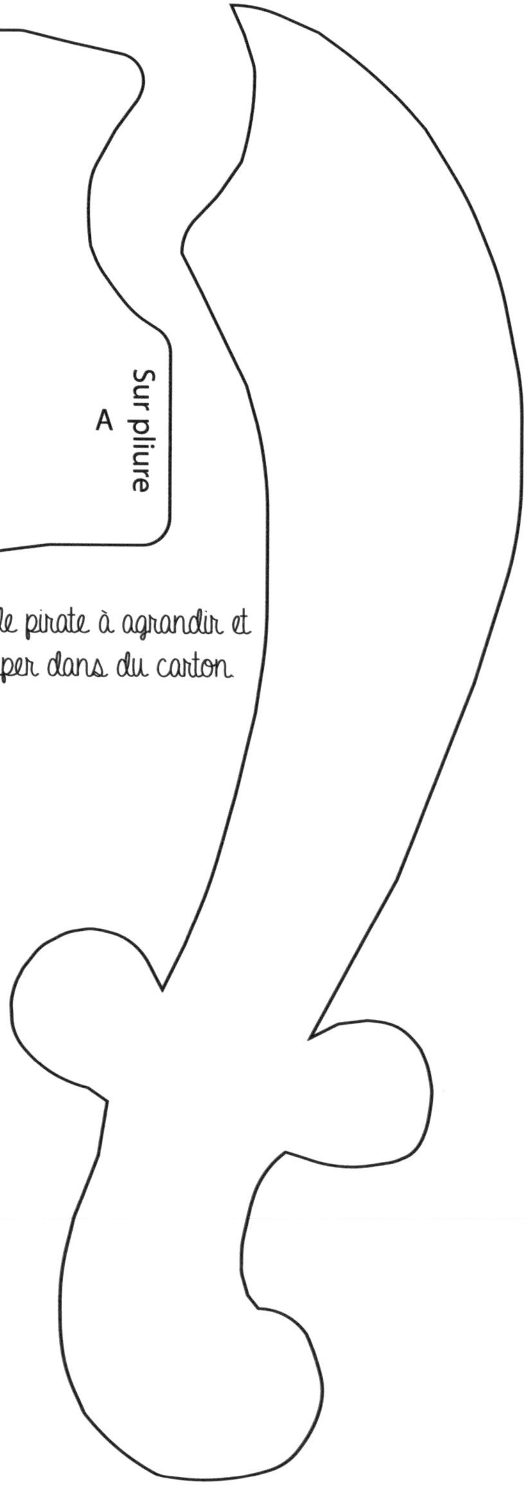

Sabre de pirate à agrandir et
à découper dans du carton.

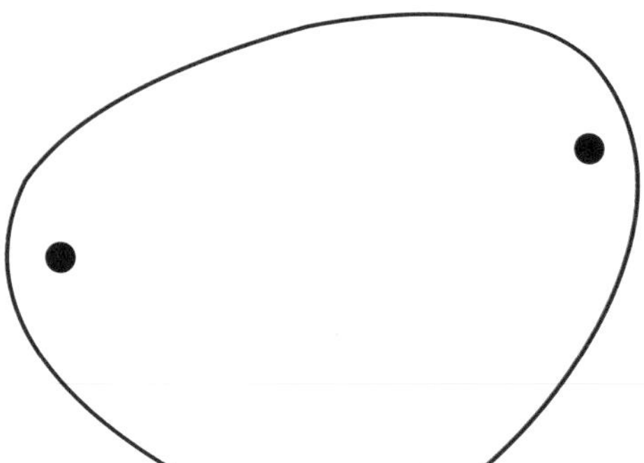

Cache-oeil : reportez le gabarit sur du carton
noir, découpez, puis percez les trous. Nouez
un élastique au niveau des trous.

ANNEXES

BIBLIOGRAPHIE

Le concept

Hélène Gilabert, « L'apprentissage de l'abstraction », entretien avec Britt-Mari Barth in *Communication et langages*, n° 81, 3e trimestre, 1989. p. 5-12.

Gilbert Longhi, « Enseigner - Apprendre avec Britt-Mari Barth », entretien avec Britt-Mari Barth, dans l'Expresso du *Café pédagogique* du 19 juin 2014.

Britt-Mari Barth, *L'apprentissage de l'abstraction*, Éditions Retz, 2013.

La créativité

Nathalie Bonnardel, « Activités de conception et créativité : de l'analyse des facteurs cognitifs à l'assistance aux activités de conception créatives », in *Le travail humain*, PUF, 2009-1, vol 72, p. 5-22.

Nathalie Bonnardel, *Créativité et conception : approches cognitives et ergonomiques*, Solal Éditeurs, 2006.

Chantal Pacteau et Todd Lubart, « Le développement de la créativité », dans *Sciences humaines,* mensuel n° 164, octobre 2005 « L'enfant et ses intelligences ».

Maud Besançon, Jacques-Henri. Guignard, T. Lubart, « Haut potentiel, créativité chez l'enfant et éducation », dans *Bulletin de psychologie*, n° 485, 2006/5.

J. Aden, E. Piccardo, « Entretien avec Todd Lubart », dans *Synergies Europe,* n° 4-2009, p. 15-22.

John Didier et Denis Leuba, « La conception d'un objet : un acte créatif », dans *Prisme*, revue pédagogique de la Haute École pédagogique du canton de Vaud, n° 15, 11/2011, Suisse, p.32-35.

D. Leuba, J. Didier, N. Perrin, I. Puozzo et K. Vanini de Carlo, « Développer la créativité par la conception d'un objet à réaliser. Mise en place d'un dispositif de *Learning Study* dans la formation des enseignants », Haute École pédagogique du canton de Vaud, Suisse, dans *Éducation et francophonie*, revue scientifique virtuelle publiée par l'Association canadienne d'éducation de langue française, volume XL, n° 2 – automne 2012, p. 177-193.

Les intelligences multiples

C. Chevalier, V. Garas, *Les intelligences multiples*, IUFM de Créteil - Université Paris-Est-Créteil

*** *Dossier sur les intelligences multiples*, « Cerveau & Psycho », n° 68, mars-avril 2015.

Barth Britt-Mari, « Gardner (Howard). Les Intelligences multiples.
Pour changer l'école : la prise en compte des différentes formes d'intelligence », compte-rendu *in Revue française de pédagogie*, volume 122, n° 1, 1998 (numéro thématique « Recherches en psychologie de l'éducation »), p. 171-176.

intelligences-multiples.fr

www.franceinter.fr/emission-la-tete-au-carre-les-intelligences-multiples

www.chairemm.polymtl.ca/cdparentsv2.0/Carriere_files/Intelligence.html

www.mieux-apprendre.com/outils/intelligences-multiples/article/presentation-des-intelligences

webemissions.cforp.on.ca/differenciation/dp2

multintelligents.info

Le jeu libre

www.enfant-encyclopedie.com/jeu/selon-experts/apprendre-en-jouant

www.vaudfamille.ch/N234312/pedagogie-rudolf-steiner-le-jeu-libre-source-de-la-creativite.html

www.coupdepouce.com/mamans/parents/devenir-et-etre-parent/le-jeu-libre-pour-developper-la-creativite-et-l-autonomie/a/45000

naitreetgrandir.com/fr/etape/1_3_ans/jeux/fiche.aspx?doc=bg-naitre-grandir-jeu-libre

carnets2psycho.net/pratique/article61.html

enfantsdelavenir.org/crise-de-la-creativite-des-enfants-quelles-causes-quelles-consequences

La parentalité bienveillante

Adèle Faber, Elaine Mazlish, *Parler pour que les enfants écoutent, écouter pour que les enfants parlent*, Éditions du Phare, 2012.

apprendreaeduquer.fr/5-competences-susciter-cooperation-chez-les-enfants/

INDEX

Aérodynamisme 28
Air 50, 55, 61, 63, 81
  Aérodynamisme 28
  Dépression 71
  Dioxyde de carbone 75, 79
  Force 55, 57
  Poids : 56, 57, 66
  Portance 31, 55, 56, 57
  Poussée 56, 57, 80
  Pression 71, 75
  Traînée 31, 56, 57
  Vent 28, 51
    Points cardinaux 54
  Voler 31, 55, 57, 194, 200
Calme 152, 156
Cerveau 8-10, 33, 36, 90
  Abstraction 91
  Effet Phi 33
    Extrapolation 90
  Œil 33, 36
    Compensation optique 38
    Persistance rétinienne 36
    Perspective 108
  Pensée convergente 11
  Pensée divergente 11
Concentration 7, 128, 140
Concept 90
  Rêve 92, 94
  Sens 106
    ouïe 108, 128, 130
  Souvenir 98, 99
  Temporalité 112-113, 116, 176
  Vivant 120-121, 124
Confiance en soi 10, 12, 16-17, 176
Créativité 10, 177, 213
Déguisement 212-213
Densité 79
  des liquides 79
  des matières 79
  masse 82, 85
Dessin animé 32, 37
Émotion 133-134, 137, 212
Énergie 20, 23, 25, 60
  Élasticité 58, 60
  Énergie cinétique 20, 25
  Énergie lumineuse 43
  Énergie stockée 20, 60
  Énergie thermique 20
  Vapeur d'eau 67
Ennui 10
Impatience 17
Intelligences multiples 8, 9, 226-233
  Intelligence corporelle kinesthésique 228-229
  Intelligence interpersonnelle 227-228
  Intelligence intrapersonnelle 230
  Intelligence logico-mathématique 226
  Intelligence musicale 230
  Intelligence naturaliste 231
  Intelligence verbale-linguistique 229
  Intelligence visuo-spatiale 227
Langage, communication 7, 17, 128, 133, 134
  Raconter des histoires 182, 189
Lumière 36, 40, 43, 87
  Fluorescence 43
  Luminescence 43
  Ombre 86
  Phosphorescence 40, 43
  Source lumineuse 87
Machine simple 44
Mouvement 63, 67
  Attraction terrestre 64
  Direction 54, 81
  Distance 64, 66
  Illusion du mouvement 33, 36, 38
  Propulsion 25, 58, 66, 67, 80
  Trajectoire 64, 66
  Vitesse 23, 24, 25, 66, 81
Parent bienveillant 12-13, 140
Peur 212
  Cauchemar 92
  du noir 40
Recyclage 204
Roue 22, 24-25, 44, 47
  Axe 25, 47, 54
  Châssis 22
  Essieu 24-25, 47
  Translation circulaire 47
Sociabilité 176
Volcan 72
  Éruption volcanique 73
  Gaz 75
  Magma 75
  Roche liquide 75

REMERCIEMENTS

Un immense merci à Caroline Terral, mon éditrice, pour son soutien, son suivi, sa relecture précieuse et toujours pertinente. Merci, Caroline, pour m'avoir trouvée et m'avoir permis de réaliser cet ouvrage. C'est une opportunité inimaginable pour moi de pouvoir relier mon passé et mon présent en combinant mes deux passions : le développement de l'enfant et les loisirs créatifs... Merci, Caroline, de m'avoir permis de réaliser un de mes rêves.

Merci à mes partenaires, fournisseurs de matériels créatifs, pour leur généreuse participation en matériels et fournitures pour la réalisation des activités photographiées dans cet ouvrage : la Creativ Company (**cchobby.fr**), où vous trouverez d'autres inspirations créatives en lien avec les intelligences multiples et **creavea.com**

Merci à mon amie Sophie de **so-and-you.com** pour le matériel fourni pour le kokedama et pour ses précieux conseils.

Merci à Zoe Confetti de Jacou pour le tulle ayant servi à la réalisation du tutu.

Merci à Emanuela Cino (**emanuela-cino.com**) pour ses photos magnifiques, sa gentillesse et son incroyable appartement. Merci à sa fille Lison pour nous avoir si gentiment prêté sa chambre.

Merci à Stéphanie Rubini (**stephanierubini.ultra-book.com**) pour être entrée dans ma tête et avoir su réaliser les belles illustrations de cet ouvrage.

Merci aux correctrices Dorica Lucaci et Odile Raoul pour leurs relectures avisées.

Merci à Frédéric Garrigues pour le luminaire de la photo p. 153 (Cage à oiseau)

Merci à Louise Courtais pour son expérimentation enthousiaste du planeur.

Merci à Hugo et Céline pour leurs doigts d'or et leur aide précieuse sur le bolide.

Merci à mes amis et à ma famille pour leur bienveillance et leur enthousiasme face à ce projet.

Merci à Émilie pour son soutien dans tous mes projets et son amour sans faille qui m'accompagne depuis notre enfance.

Merci à mes filles, Lilya et Louise, mes inspiratrices au quotidien. Merci, mes amours, pour votre émerveillement à chacune de mes créations, merci pour vos commentaires sincères qui m'aident à m'améliorer.

Et, enfin, merci à mon amoureux, Pascal, pour son soutien et son regard critique, qui me permet toujours de donner le meilleur de moi-même.

L'AUTEUR

Après une vie professionnelle riche en expériences, Karine Saunier change d'orientation en 2014 pour se consacrer à ses deux passions : la création et le développement de l'enfant. C'est ainsi qu'elle met en application ses connaissances acquises lors de sa Maîtrise en Psychologie du développement et de ses études doctorales en Sciences cognitives en créant sa marque d'activités créatives en kit pour enfants, **Les enfants nomades**. Karine Saunier anime en parallèle des ateliers créatifs où les parents sont toujours les bienvenus.

Retrouvez-la sur :
http://lesenfantsnomades.fr/
https://www.facebook.com/lesenfantsnomades Les enfants nomades

Crédits photos – intérieur : Agence Fotolia

p. 6 : © Rosario Rizzo ; p. 9 : © Oksana Kuzmina ; p. 75 : © joanna wnuk ; p. 93 : © Sergey Nivens : p. 131 : © ruslanita ; p. 141 : © Maksim Kostenko ; p. 181 : © AjF ; p. 213 : © Robert Kneschke

Achevé d'imprimer par Estella Graficas (Espagne) en mars 2016
Dépôt légal : mars 2016
15-6807-8/01
ISBN : 978-2-01-323669-0

PAPIER À BASE DE FIBRES RECYCLÉES

hachette s'engage pour l'environnement en réduisant l'empreinte carbone de ses livres. Celle de cet exemplaire est de : 1,7698 Kg éq.CO_2 Rendez-vous sur www.hachette-durable.fr

L'éditeur utilise des papiers composés de fibres naturelles, renouvelables, recyclables et fabriquées à partir de bois issus de forêts qui adoptent un système d'aménagement durable. L'éditeur attend également de ses fournisseurs de papier qu'ils s'inscrivent dans une démarche de certification environnementale reconnue.